中期の幸徳秋水

崎村　裕

かりばね書房

幸 徳 秋 水

明治 30 年 27 歳頃

目次

中期の幸徳秋水

崎村　裕

1．はじめに

前著『兆民と秋水』（二〇一五年十一月刊　かりばね書房）では一九〇一年（明治三四）十二月十三日中江兆民が五五歳で死去するまでと、葬儀の様子の概略を記したが、大逆事件の冤罪で幸徳秋水が拘引されたのは一九一〇年（明治四二）の六月一日である。するると、この間の約十年、秋水は何をしていたか興味が湧くところである。もちろんこの間についての研究は多いがしかし広く一般化されているとはいいがたい。そこで非力をかえりみず筆をとった次第である。

この間に起こったことといえばまず秋水のアメリカ訪問があげられる。秋水がサンフランシスコに着いたのは一九〇五年（明治三八）十二月五日だった。ついで一九〇六年四月十八日サンフランシスコ大地震がある。この辺については本文中に書いた。

同年六月二三日帰国。一九〇七年（明治四〇）二月四日足尾銅山事件起る。一九〇九年（明治四二）三月十八日幸徳秋水の千駄ヶ谷の平民社に管野須賀子、新村忠雄同居する。同月二九日新村忠

雄薬局見習のため紀州の大石誠之助宅に出発。同年三月一日幸徳秋水、妻千代子と離婚。

一九一〇年（明治四三）二月、友人の小泉三申から「君もしばらく社会主義をすてて『通俗日本戦国史』の著述に専念したらどうか」という話があり秋水はこれを了承した。しかしこれは出版社側の都合で本にはならなかった。秋水はこの頃同書の執筆のため湯河原の天野屋旅館におもむく。管野須賀子同行、新村忠雄は長野県屋代町の自宅に帰った。

一九〇八年（明治四一）七月頃、クロポトキンの『パンの略取』の翻訳を完成した。平民社訳として発行するも発行禁止となる。

一九一〇年一月（明治四三）荒畑寒村が千葉監獄を満期出獄した。この間秋水と管野とは男女の関係になっていた。これを知った荒畑寒村は怒り心頭に発してピストルを携行して天野屋周辺を徘徊した。しかし秋水が東京に行っていたときでもあり、何事も起こらなかった。『通俗日本戦国史』を断念した秋水は『キリスト抹殺論』を執筆した。これは何事もなく出版された数少ない著作の一冊である。

秋水の文は口語化されているとはいえ、やはり明治の世の文であり、一層口語化してみたとはいえやはり分かりにくい。しかし現代の口語とは違い一定のリズムがある。

幸徳秋水の中期については『百年後の友へ― 大逆事件の新村忠雄、かもがわ出版』になお詳しい記述があるので参照いただければ幸いである。

2．秋水『社会主義神髄』を出版

明治三十五年（一九〇二）二月、秋水は京橋の人文社から『長広舌』という題の評論集を出版した。明治三十年（一八九七）から三十四年（一九〇一）まで「中央新聞」、「万朝報」、「日本人」などの新聞、雑誌に発表した諸論文を収録したものであった。なかでは「社会主義か乱民か」という論文が注目された。しかし、秋水の文名を決定的に高めたのは明治三十六年（一九〇三）七月「万朝報」社から刊行された『社会主義神髄』であった。

秋水の代表作の一つなので、非力をかえりみず現代風に簡単に紹介してみよう。

まず、第一章「緒論」で、古今最大の革命家は誰か、と問われたならば、私（秋水）は蒸気機関の発明家、改良家であるジェイムズ・ワットと答えるであろう、という。蒸気機関の動力のおかげで、生産力は飛躍的に増大したのである。さらに電気の発明とその応用は刻々と新しいものを生み出している。生産力が、十倍、百倍、千倍になれば、当然労働者はその労働時間と労働量が減らなければならない。しかし、事実はこれに反している。労働者は相変わらず十一、十二時間ないし十四、十五時間の苛酷な労働に従事している。

千倍以上になった豊富な富は交通機関の発達によって世界の隅々まで運ばれている。ならば世界の人類はおおいに衣食に余裕があって悠々と暮らしているだろうか。しかし事実は反対である。米ぬかさえも口に入らずに、父母は飢えに苦しみ、寒さにこごえ、兄弟、妻子の離散する者が日に日に増加しているのは何故か、次々と学校は設立されるのに、教育を受ける自由を持っていない人は多い。交通機関は発達しても旅行できる人は僅かである。医療機関が進歩しても、その恩恵を受けられない人があまたいる。文藝、美術、音楽が発達してもそれらを楽しむ自由をどのくらいの人が持っているだろうか。

人はパンのみに生きるにあらず、というが、衣食がなくては自由も道徳も学芸もありえないのである。労働は衣食を生ず、というが、労働者の子供は、八、九歳の幼児から死ぬまでせっせと牛馬のように働いている。節約と勤勉では彼らに勝る者はいない。しかるに、税金が払えなくて困っているのは彼らである。一方、衣食や富があり余っているのは労働しない人である。利息により、株により、地代により、税によって華やかな生活をおくっているのはほんの一握りの人である。

しかし労働の苦痛はまだ耐えられるが、仕事がない失業の苦痛はさらにひどい。彼らは餓死の危機にある。餓死が嫌なら、男は強盗、窃盗に、女は売春婦になるしかない。

第二章は「貧困の原因」である。

貧困の原因は何処にあるか。かつての何千倍にもなった生産物、その金額、株券、利息、配当金などの利益は何処にいくのか。工場や機械、土地などの生産手段の持ち主の手に帰するのである。そしてその利益は次の生産の資本として使われる。こうして代が替わっても富は蓄積されてさらに大きな富に成長するのである。アメリカの富の七十％は人口の僅か一・四％が所有し、残った三十％のうちの十二％は人口の九・二％が占有し、人口の圧倒的多数の八十九・四％は、残った十八％の富を所有しているに過ぎないという。これはアメリカだけではない。イギリスもドイツもフランスもオーストリアも同じで、日本もこの同じ道を辿りつつある。

しかし、一粒の米にしても、一片の金にしても一切は労働によって作り出されたものである。人間の労働の結果でないものはない。一切が労働者の労働の産物なら、それは労働者の所有になるべきではないだろうか。

第三章は「産業制度の進化」となっている。

アメリカの人類学者レヴィス・モルガンは「人類社会は約十万年であるが、九万五千年は共産制度の時代であった」といっている。それから人類は弓矢を作り、舟を作り、牧畜を覚え、農業を習った。やがて衣服を着る習慣が定着し、生産物を交換する方法も複雑になった。こうした中で共産制度は崩壊に向かった。次に、戦いによって獲得した捕虜を奴隷にする奴隷社会が出現した。奴隷に労働させるこの制度もローマ帝国末期の一部の支配層の豪奢な生活を支えるには不十分で、国内にも国外にも矛盾は山積みし、ついに帝国は滅びた。次に出現したのが、農奴制社会で、この社会を保護したのが、封建制度だった。やがて生産力が増えてくると、自由農工民が発生した。交通が発達し、市場が拡大し、交換が大規模になると、農奴制は崩壊し、国民的国家が形成されるようになった。大航海時代が来て、資本の原資的貯蓄が始まったのもこの時期であった。そして、産業革命が訪れる。大工場が建設され大量生産の時代になった。それまでの社会はある程度の交易があっても基本的には自給自足社会であった。大工場の出現によって、それら中小の生産者は採算が取れずに廃業し、工場労働者になった。かくして社会は生産手段の所有者と何も持たない労働者の二極に分かれたのである。

しかし、大量生産による莫大な利益はどこから発生するのだろうか。生産物は交換されなければならない。つまり売らなければならない。カール・マルクスは「交換は決して価値を生ずるものではない。価値は決して市場において創造されるものではない」といっている。ではどこで発生するのか。生産過程である。生産者（資本家）は生産をはじめるにあたって、工場を造り、機械を入れ、原材料を仕入れ、労働者を雇う。このとき資本家は労働者の労働力を商品として買うのである。労働力とは何か。食事をし、休息し、眠ること、あるいは将来の労働力になる子供の教育費、つまりは生活費である。しかし労働力という商品は今日は売れないが、明後日は売れるからといって、仕舞っておくことが出来ない。それゆえ、常に買いたたかれる性質をもっている。

仮に一日の生活費その他として一万円、二十五日働いたとして月二十五万円の給料を払ったとしよう。しかしその労働者は一日二万円分働いたとする。すると一日につき一万円の利益を生み出したことになる。この一万円分は剰余価値といい、その労働は過剰労働という。これが利益であり、富になるのだが、もちろん受け取り手は資本家である。

資本家はその利益を次の生産につぎ込む、このようにして利益は利益を生んでいく。しかし、生産したからといって売れるとは限らない。自給自足時代は生産は原則として注文生産であった。生産すれば必ず売れたのである。資本家の生産は見込み生産で、実際に売れるかどうかは分からない。売れる以上に生産するのを過剰生産という。労働者は買いたくてもお金が乏しい。そこで、生産物が倉庫に山積みされていても食えない人が続出するのである。働きたくても、過剰生産のため、会社は人員削減をし、工場を閉鎖している。売り手は販路を海外に求め、植民地を造り、領土を広げようとする。他国も同じとすれば、これが世界恐慌で、戦争の原因となる。

一方、国内では資本力の大きい大企業は中小零細企業を吸収して生き残る。大企業同志は自由競争で、傷つかないように協定を結ぶ。カルテルやトラストである。資本家対労働者の対立はトラスト対社会全体へと移っていく。独占資本対社会全体である。

第四章は、「社会主義の主張」である。

社会主義は生産手段の社会化を主張するという。工場とか機械、土地などの生産手段は現在個人の所有になっている。それゆえ利益は資本家個人のものとなる。経済学者はいう。始めから独占的傾向をおびる業種は国有か市有にするのがいいが、その他の大中小の業種は自由競争にまかせるべきだと。しかし、アメリカを見よ。製鉄も石油も石炭も紡績も独占になったではないか。個人競争の行き着く先は資本の集中、合同である。経済的自由競争から生まれる進歩は過去の夢である。問題はこれらの独占の事業を一部少数派の階級の所有にゆだねるべきか、それとも社会公共の所有に移すのがよいか、である。

もう一つは企業の経営である。たとえば鉄道などは社会がこれを公有しても、経営は私設の会社か個人に任せていることが多い。事実、三井、三菱など大企業の経営はその専門家が行っている。こうした専門家は企業に雇われているにすぎない。このような雇人を公共が任命した職員と入れ替えるよう社会主義は主張する。そうして利益は社会全体が共有するのである。

最後に分配の問題が残る。利益は社会の全員に平等に分配すべきであるか。一人一人はそれぞれ個性があるように、労働生産性は異なる。A労働者は一時間に百個のものを作るが、B労働者は五十個しか作らない。AとBで、同じ分配では不公平ではないかという。しかし、幼児や子ども、老人はどうするか、幼児や子どもは将来の労働力になるが、老人は何も生産しない。さらに、病人や、精神、身体障害者はどうか。こう考えると、能力に応じて分配するというのは、不公平であることが分かる。分配は必要に応じて行われるべきである。

もう一つ、社会主義は財産の私有を禁ずるのではないかという誤解である。社会主義は財産の私有を禁じていないどころか、これを増やすのである、禁じているのは生産手段の私有であって、消費財の私有ではない。生産手段はこれを共同の所有にすべきだといっているのである。

３．「社会主義の効果」

ここで、起こるのは、そもそも、人間が進化したのは、生存競争があったからではないか、という疑問であろう。もし、万人が衣食の心配がなく、巨大な富をつかむあてもなく、賢者、愚者、強者、弱者が皆、平等の生活に甘んじなければならないとすれば、何がいったい、われわれの競争を鼓舞するのだろうか。競争のない社会には勤勉がなく、勤勉のない社会には活動と進歩がないだろう。活動と進歩のない社会には停滞、堕落、腐敗が残るだけだろう、と。

このようなことを言うのは、一人俗衆ばかりではない。イギリスの哲学者、社会学者のスペンサーや、同じく社会学者のベンジャミン・キッドは「生存競争は人間社会あって以来のこと、というよりも、生物があって以来のことである。これが進歩の原動力になっているのであり、社会主義の目的はこれを禁絶することにある」などといっている。生存競争が社会進歩の原動力である。というのは学問の常識である。

しかし、社会の組織が変化するにつれ、競争そのものの性質や方法も変わってくる。腕力の競争が、知力の競争になり、個人の競争が集団の競争になり、武器の競争が弁舌の競争になり、略奪の競争が貿易の競争になり、侵略の競争が外交の競争になる。経済的自由競争が産業革命前後において、世界的商工業の発達におおいに貢献したことは確かである。しかし、これらの競争を必要とした時代は過ぎ去った。富が一部の大企業や、少数階級に偏在し、貧富の格差が増大し恐慌が絶えず起こり、財界は無政府状態である。世界の土地の大部分は、大地主の所有になっている。

また、競争は出発点が平等でなければならない。現在の状態はどうか。一方は、生まれながらにして、富貴であり、衣食が足り、教育が足り、その上父祖から譲り与えられた地位と信用と資産をもっている。他方はどうか、貧賤の子である。飢餓、寒さ、困窮の中で育ち、資産なく、信用がなく、地位がない。あるのは自己の身体だけである、この二人を競争の場に投げ込み、その勝敗の決定を見て、世人はいう。「これが優勝劣敗である」と。

もし人生の進歩、向上が単に激烈な衣食の競争の結果である、としてみよう。古来とびきり優れた人物は、社会の最下層の人々から出てこなければならない理屈になる。彼らは貧賤から脱出するために、生存競争に生き残るために異常な努力をするからである。しかし、事実は違う。そのような人物が極貧の階層からは生まれてこないのである。何故か、窮乏の人は生涯衣食のためにあくせくして、ただ、餓えと寒さから逃れることばかり気をとられているからである。一方富貴の人は幼少の頃からちやほやされ、気位だけが高くなり、気力がたるみ、生活の目標を失って、快楽の奴隷となり、この階層からも偉大な人物はまず育たないのである。かくして高尚な品格と偉大な事業はいつも中間の階層から出てくるのである。社会主義は社会のすべてをこれらの中間の階層にしようとしているのではないだろうか。衣食のための競争がなくても、人はすばらしいものを作り出す。建築家は雇い主の叱咤がなくても、財貨の報酬がなくても、建築を愛するがゆえに仕事にうちこむのである。書道家も、音楽家も、画家も、科学者や哲学者の探求も同様である。

さらに一面から見ると現在の社会の堕落と罪悪の大半は衣食の欠乏からきているのである。現在の監獄の囚徒は約七万人という。その七割の罪状は財貨に関するものと聞く。社会主義は、野蛮な衣食のための、従って、財貨のための競争から人々を解放するのではないだろうか。イギリスの詩人で社会改良家のウィリアム・モリスは「人間が財貨のために心をくだくことがないようになっても、技芸、自然、恋愛などでは、趣味と活動とを人生に与えてくれるであろう」といっている。そう、人間は衣食の心配がなくなっても活動をやめないのである。

現在の労働者が勤労を厭い、安逸をむさぼる傾向があることは、私もこれを認める。しかし、粗衣、粗食で、老年に至るまで一日十数時間働く。何の希望もなく、何の変化もなく、何の楽しみもない。その仕事の多くは彼の好むものではない。ただ衣食のためだけに働いているのである。しかもその労働の成果の大部分は他人に略奪されてしまう。こうした状態に置かれれば、人は、疲労し、倦怠し、労働を嫌悪するようになるのは当然である。現在の労働者は疲労の限界に達している、といってもいい。

人間は長時間の労働に耐えられないのと同様に、長時間の安逸にもたえられないのである。「君の衣食は支給される。君はこれから労働をする必要がない」と言われれば、労働者は最初は喜ぶが、何もすることがない日が延々と続けば、何か仕事はないか、有意義なことはないかと求めるようになる。衣食があり、休息があり、娯楽があり、そして四、五時間の労働がある。こうした社会は人々を満足させるに違いない。社会主義はこのような社会を目指しているのではないか。

アメリカ労働者同盟の第十三回大会で、ヘンリー・ロイドは次のように演説している。

「いまや労働者はいたるところで、しなければならない仕事をすることが出来ず、必要とする衣食が与えられない。労働者は労働が八時間になることを欲している、にもかかわらず彼らは、十時間、十四時間、十八時間の労働をしなければならない。彼らはその子供を学校に入れようと思っているが、逆に子供を工場に送らなければならない。その妻に家庭をおさめてもらいたいと願っていても、反対に生産現場に送らなければならない。病気で休まなければならないときでも、休めないし、働きたいと思っているときでも、人員整理で解雇されれば、働けないのである。職業をさがしまわっても、就職できない。彼らは公平な分配を受けることができないし、他人の私欲や野心のために彼ら自身や、妻や、子供の身体や健康や生命さえも犠牲にしなければならないときさえもあるのである」

これはひとり、労働者だけではない。生産手段を所有していない者は、その生活は不安で苦痛なのである。それにもかかわらず、一部の者はそれを、「自由競争である、自由契約である」といっている。

ドイツ社会民主党のエルフルト大会の宣言書には「このような社会的革命はとくに労働者の解放ばかりではなく、実に現代の社会制度の下に苦悩している人類全体の解放を意味する」とある。

今の国家は、ただ、資本を代表し、ただ、土地を代表し、ただ、武器を代表している。今の国家は、これらを所有している地主や資本家や貴族や軍人の利益のために存在している。国家がこのようなものであるならば、社会主義は国家の権力を減殺することをもって第一着手としなければならない。今の経済制度の下では、財貨が人類を支配している。社会主義では人類が財貨を支配する。人類全体を万物の主人公にしようとするのである。

社会主義は現在の国家の権力を承認しないばかりでなく、極力軍備と戦争を排斥している。軍備と戦争とは、今のいわゆる「国家」が資本主義制度を維持する根本手段としてたのんでいる金城鉄壁である。これがため多数の人類は多大の犠牲を払うことを要求されるのである。いまや世界の強国は軍備のために二百七十億ドル（原文のまま）もの国債を発行し、その利息を払うだけで、常時三百万人以上の労働が必要という。その上、幾十万の青壮年男子が兵役に服し、殺人の技術を習っている。ドイツの場合は青壮年男子がみな兵士として徴兵されるので、田畑を耕すのは老人か女性であるという。そして、一たび戦争が勃発すると幾億もの財貨を遣い、幾千の人命を犠牲にして、国家・社会が受けた傷は容易に回復することができない。戦争がもたらすものは、少数軍人の功名と、一部の権力者や資本家の利益にすぎないのである。

ここで、私は言いたい。社会主義は衣食の競争を廃止するが、これは次の高尚な知識の競争を開始する出発点になる。社会主義が除去しようとするのは，勤勉、活動ではなく人生の苦悩や悲惨である。個人を没却するのではなく、万人のために経済の桎梏を取り除いて、各人の個性を十分に発達させるのである。社会主義の国家は階級的国家ではなく、平等の社会である。専制的国家ではなく、博愛の社会である。人民全体の共同の組織をつくって、地方から国家に、国家から世界に自由、平等、博愛をひろげ、世界平和の恩恵、幸福をみんなで享受しようとするものである。

4. 社会党の運動

あらゆる生物は新陳代謝し、個性が滅びれば、生命は次の世代に引き継がれ、進化していく。そしてこうした代謝や進化が休止した時は、その種、その系列の生物は絶滅するしかない。社会も同様である。決して不変ではないのである。そうした過程の段落を区切って新紀元を宣するのが、すなわち革命である。ドイツの社会主義者であるラサールは「革命は新時代の産婆である」といったが、わたしはあえて「革命は、産婆ではなく、分娩そのものである」といいたい。ただし、分娩に難易があるように、革命にも難易があるのは避けられない。ときとして暴力が出現することがある。アメリカの独立革命や、フランス革命などがそうである。しかし、暴力が出現しないに越したことはない。社会の組織、状態がどうなっているかを診察し、大勢をうまく誘導し、平和のうちに革命を成功させようとするのが、革命家の識見であり、深慮である。今の社会党はこのような社会的産婆、産科医であることをみずからその任務としているのである。

革命は天の力である。人力とはいえないので、うまく誘導しなければならない。革命がやってくるとき、人間はどうすることも出来ないし、立ち去るときも、どうすることも出来ない。前世紀のはじめイギリスのオーエン、フランスのサン・シモン、フーリエ、ルイ・ブラン、などがこの現在の制度の害悪を痛烈に批判して、その理想の実現に着手したのであった。しかし社会主義の理論はまだ未成熟で、かれらは直ちに理想社会を実現しようとして失敗した。かれらは空想的社会主義と呼ばれる。

しかし、一八四八年、カール・マルクスが友人フリードリヒ・エンゲルスとともに『共産党宣言』を発表してから、社会主義は科学になった。理想社会を一地方に建設するのは不可能であり、また、一歩一歩、理想の実現に向かって進むことが必要なことが広く理解されるようになった。現在ドイツの社会主義者は二百五十万人になり七十余名の代議士を持っている。フランスの社会主義者もまた百五十万人に達し、百三十人の代議士をかかえているのである。かりそめにも近代文明のあるところ、一度も社会党の生まれないところはなく、それが生まれたところでは、天から滝の水が落ちるがごときであった。

5. 付録

結論はこれまでの論述の繰り返しで、特に新しいことがないので、省略する。

『社会主義神髄』は本論だけでは枚数が足りないので、諸雑誌に発表した『社会主義と国家』、『社会主義と国体』などの論文を付録としておさめている。『社会主義と国体』は、端的にいえば、君主制と社会主義は矛盾しないということを述べている。天皇制と社会主義は矛盾しないというのである。「『民の富は朕の富なり』とのたまうた仁徳天皇の大御心のようなのは社会主義とまったく一致するので、決して矛盾するところではないのである。」と述べている。

これは一貫して天皇制を擁護してきた秋水の論述と一致する。巷間伝えられるところでは、秋水は天皇制の鋭角的な批判者とされてきたらしいが、事実は逆なのである。

神崎清は『実録　幸徳秋水』の中で「天皇の名における裁判を自分自身が受け、天皇における監獄にぶちこまれ、痛い目にあわされてから、絶対的な天皇制に対する開眼がはじまったのである」と書いているが、はたしてそういい切れるかどうか。明治四十三年十二月十八日に『獄中から弁護士に送った手紙』の一節に「王政維新は天子が代わっていなくても、革命です。天子および薩長氏が徳川氏に代わったから革命というのではなく、旧来の凡百の制度・組織が根底から一変させられたから革命というのです」とある。これは三十六年ころ書かれた木下尚江の『神、人間、自由』の中の「ある日、幸徳はわざわざ訪ねてきて、『君、社会主義の主張は経済組織の改革じゃないか。国体にも政体にも関係はない。君のような男がいるために、社会主義が世間から誤解される。非常に迷惑だ』こういってぼくを面責した」という記述と一致する。もちろん手紙の方の文はやわらかくなっているが、趣旨は同じではないだろうか。

また、無政府主義者の革命がなるとき、皇室はどうなるか、という問題を論じている。無政府主義者は、武力、権力に強制されない万人自由の社会を望んでいる。そのとき、皇室をどうとかするといった権力を持ち、命令するものがいるだろうか。「他人の自由を害しない限り、皇室は自由に勝手にその尊栄、幸福をたもつことが出来るので、何の束縛を受けるはずはありません」とある。

皇室という私的集団と、天皇制という権力機関との区別がなされていないようである。明治憲法下の天皇制は暴力を含む恐るべき権力機構であった。明治四十四年一月二十四日、その天皇の名において幸徳秋水は死刑になるのである。

しかし、明治の始めには天皇制は絶対的権力機関ではなかった。明治八年に出版された加藤弘之の『国体新論』には「…人民はひたすら君命を聞いて、一心にこれに奉仕するを当然の勤めと思い、かつこれらの姿を、その国体の正しさの所以とする。まことに野卑、陋劣の風俗というしかない。試みに思え、君主も人なり、人民も人なり、決して異類のものではない。そうであるのにその権限は天地ほどの差がある。このような野卑、陋劣の国体の国に生まれた人民こそ実に最上の不幸といっていい」

とある。

これだけでも驚くべき内容だが、明治天皇、昭憲皇后に進講したものをまとめたものというから、ますます驚異である。加藤はこの頃は天賦人権説の立場にたっていた。しかし、天皇制絶対化の勢いに押されて明治十四年にみずから絶版とし、転向した。以後、天皇の神格化と絶対化が急速に進み、「第一条、大日本帝国は万世一系の天皇これを統治す。第三条、天皇は神聖にして侵すべからず」という明治二十二年発布の大日本帝国憲法に結実する。その後も、神格化と、絶対化は強化され、日清、日露戦争を経て太平洋戦争に突入するのである。天皇制は半封建的資本主義を維持するための金城鉄壁であった。

この『社会主義神髄』は、当時、横須賀海軍工廠の見習い工であった荒畑寒村など多くの人に影響を与えた。

6．幸徳秋水、堺利彦、内村鑑三「万朝報」社を去る

明治三十六年（一九〇三）東京帝国大学の戸水寛人など七教授は桂太郎首相に満州（現中国東北）問題についての建議書を提出した。世にいう七博士の対ロ開戦論である。

一九〇〇年、各国の中国への侵略に対して民衆が蜂起した。これを義和団事変とか、北清事変という。各国は軍隊を出して鎮圧してきたが、中国、すなわち清国政府は各国に莫大な賠償金を支払うことになった。日本はその八パーセントを得たが、ロシアは二十九パーセントを取った。事変後各国は撤退したが、ロシアは満州に居座った。日本は朝鮮半島の権益が、危なくなるのではないか、と危機感を持ち、一九〇二年（明治三十五年）イギリスと日英同盟を結んだ。政府は一方では軍備の増強を進めながら、他方では話し合いによる解決を目指していた。

詳述は避けるが、こういったなかで出されたのが、七博士の対ロ開戦を主張した建議書であった。

七博士の開戦論などに刺激されて日本中に開戦論が盛り上がった。その中で、幸徳秋水、堺利彦、内村鑑三は非戦論を唱えた。幸徳秋水は「万朝報」の明治三十六年七月七日号に「戦争論者に告ぐ」と題する論説を発表した。

「…今の社会組織をよく見よ、徴兵法をよく見よ。金のあるものは教育を受け、教育を受けた者は兵役を免れている。その間、さまざまな公平らしい弁明を聞くこともあるが、論より証拠、今の兵隊

の実際を見よ。彼らはみなほとんど貧乏人の子弟である。それゆえ兵役は貧乏人の貧乏くじという。これははたして当然の順序、方法だろうか。いや当然の順序ではない。われは一兵卒なり、安んじて富貴者のために犬死することがあろうか。一言して世の賢人に訴える。一兵卒」

堺（枯川）利彦もまた、同新聞に「孟子を読む」と題する王道的な平和論を書いた。

同じく明治三十六年、（一九〇三）開戦論者たちが、対ロ同志会を結成すると国民の対ロ感情はさらに険悪化して、ロシアを撃てという開戦論が国中を覆うようになった。こうしたなか、「万朝報」も明治三十六年十月八日の夕刊に「日ロ開戦論」を掲載せざるをえなくなった。編集者の円成寺天山はもともと熱烈な開戦論者だった。社主の黒岩涙香も経営上これに同調する他なかった。

その十月八日の夜、神田の青年会館で、解散させられた社会民主党の後を受け継ぐ社会主義協会の主催で、非戦論演説会が開かれた。弁士は幸徳秋水、堺（枯川）利彦、安倍磯雄、木下尚江、西川幸二郎らであった。秋水と枯川は「朝報社」退社の決意を語った。社主が開戦論に転じた以上は、それを変えることが出来ない社員は退社するしかない。という論理だった。翌九日にはクリスチャンの内村鑑三も退社の意向を示した。

十月十二日、秋水、枯川の退社の辞が「万朝報」に掲載された。

「われら二人は不幸にも対ロ問題に関して朝報紙と意見を異にするに至った。われらが平素社会主義の見地から国際の戦争を見ると貴族、軍人等の私闘がその発火点になっているが、国民の大多数がそのための犠牲にされている。読者諸君はすでにそのことは本紙上において見られているところである。しかし、このようなわれらの意見をこころよく掲載してきた朝報紙も、時局切迫の折、戦争がもはや避けられないならば、挙国一致して当局を助けて盲進せざるをえなくなったとするところも読者諸君がすでに御承知の通りである。

ここにおいてわれらは朝報紙にありながら沈黙を守らざるをえない立場になった。しかし、沈黙したままで所信を語らいないのは、志士の社会に対する責任を果たさないことになる。ゆえにわれらはやむを得ず退社することにした。

われらの退社願いに対して、黒岩君は寛大、義侠の心を持って切に慰留につとめたが、ことここにいたってはいかんともすることは出来ない。われらは黒岩君その他社友の多年の好誼に背いて、ここに一たび袂を分かつに至った。

ただし、朝報紙編集のこと以外では、ながく従来の交情を続けたいとわれらは希望し、黒岩君その他もそれを固く誓約された。

あえて、われらの心情を述べて読者諸君のご明察を仰ぐ」

署名は、堺利彦、幸徳伝次郎、と本名になっている。

荒畑寒村はこの「退社の辞」を読んだときの感激を次のように語っている。
「私はいつものように弁当箱を包んだその日の「万朝報」を広げて読んでいくと、突然、火花が眼を射たような衝撃を受けた。秋水先生、枯川先生連名の退社の辞がのっていたのである。…（中略）この退社の辞を読んで、私はもう戦争が現実に目睫のあいだにせまっていることを知り、そして、今日まで文章を通じて深い感化をあたえられていた二人の社会主義者が、一世をおおう主戦論の風潮に抗して、敢然として戦争反対の叫びを上げたのを見た。私はいかに感激に身をふるわせながらこの断乎たる反戦の声明を読んだろう」

翌十月十三日の朝、堺枯川（利彦）が麻布宮村町の幸徳秋水の家を訪ねてきた。そこで、話し合った結果、週刊新聞を発行しようということになった。だが難関があった。政治に関する記事を掲載する新聞・雑誌は発行に先立って内務省に千円程度の保証金を納めなければならない、という規定があった。二人は給料二か月分の退職手当を貰っていたが、千円には遠く及ばなかった。しかし、救い主が現れた。中江兆民の高弟で内閣書記長官を務めた小島竜太郎が、政府に収める保証金だけは貸与すると申し出た。さらに築地で病院を経営している加藤時次郎が「さしあたり必要な創業時の運転資金を貸してやろう」といった。

加藤時次郎、〔安政五年（一八五八）〜昭和五年（一九三〇）〕は福岡県香春町の生まれ。明治十六年（一八八三）年医師開業試験合格。明治二十一年（一八八八）ドイツに留学し、そこで社会主義思想を知った。幸徳、堺が「平民新聞」を発行したときは資金を提供、それからも陰に陽に秋水たちを支援した。明治四十四年（一九一一）には経済的困窮者でも医療を受けられるよう実費診療所を開設した。その後も社会改良運動に尽力した。

さて、その後、堺枯川が麹町有楽町に社屋を見つけてきた。堺は、家は二階建て、上が十畳に七畳半、下が九畳、四畳半、三畳、三畳、二畳で、下の五室に秋水一家が住み、上の二室を事務所として使うことになった、と書いている。

この家について荒畑寒村が『自伝』のなかでつぎのように書いている。

「麹町区有楽町の数寄屋橋に近い日本劇場のあたりだったろうか、朝日新聞社寄りの角が平民社、日比谷公園寄りの角が大正天皇の生母柳原一位の局の邸で、その一廓をやや広い溝が取り巻いていた。平民社の前には三十間ばかりの道路を隔てて、福島住吉牧師の数寄屋橋教会、浴場、氷水屋などが軒を並べ、この浴場へはその後よく「籠城組」（事務所に泊まった人々）が堺先生を先頭に、手ぬぐいをぶら下げて朝湯に出かけた。夏には誰かが編集室の窓から顔をだし、「オーイ、氷水屋さん」と怒鳴って居合わせた人数に応じて指を振ってみせると、間もなく氷のコップをいれた岡持ちが運ばれてきた。

平民社はやせた松の木が塀から枝をのぞかせた二階家で、編集室にあてられた階上は十畳と七畳半の二室、階下が事務室、食堂と寝室を兼ねた九畳、四畳半、三畳と二畳の四室。そして玄関の前には出入りのための木の小橋がかかり、裏には猫の額ほどの庭があってひょろい長い桐の木が植わっていた。・・（中略）・・編集室だけは椅子テーブルで、マルクス、エンゲルス、ベーベル、ウイリアム・

モリス、ゾラ、トルストイなどの肖像が飾られ、懸崖の菊の小鉢、杉の木立の盆栽などがいささかの趣味をそえていた。

両者で多少の相違があるが、記憶違いであろう。秋水が麻布宮村町の家を引き払って移り住んだのは家賃節約の意味もあったと思われる。

明治三十六年（一九〇三）十一月十五日、平民社から週刊『平民新聞』が発行された。退社後三十余日であった。タブロイド版で八ページ、週一回日曜日の発行であった。寒村は、一部三銭五厘、創刊号はたちまち五千部が売り切れ、三千部増刷したと書いてある。

巻頭には平民社同人の「宣言」が掲げられた。以下、採録するが、一部現代風になおした。

一、自由、平等、博愛、は人生というものがこの世に存在する三大意義である。

二、われわれは人類の自由を完全にならしむために平民主義を信奉する。ゆえに門閥の高下、財産の多寡、男女の差別より生ずる階級を打破し、一切の圧制束縛を除去せんとするものである。

三、われわれは人類が平等の福利を受けるために社会主義を主張する。故に社会が生産、分配、交通の機関を所有し、その経営処理はただ社会全体のためになるように活動する。

四、われわれは人類が博愛の道を尽くすように平和主義を唱道する。故に人類の区別、政体の異同を問わずして、世界をあげて軍備を撤去し、戦争を絶滅させることを期する。

五、われわれはすでに人類多数の完全なる自由・平等・博愛をもって理想とする。故にこれを実現する手段も、また国法のゆるす範囲において、多数人類の世論を喚起し、多数人類の一致共同をうるべきかである。かの暴力に訴えて一時の成功に酔うようなことは、われわれは絶対に容認できない。

さらに発行の序には、「予らはさらに正直に告白しなければならない一事がある。何か、平民新聞によって生活の糧をうることである」とある。新聞社に勤めて給料をもらう、これは当たり前で、幸徳秋水も堺枯川も内村鑑三も「万朝報」社から給料を貰っていた。しかし体制批判の活動をして生活費をうるのは一般的ではなかった。幸徳たちは体制批判の新聞をだして生活費をうるという職業的革命家の先鞭をつけたといってもいいのではないだろうか。

寄稿家には安倍磯雄、毎日新聞（現在の毎日新聞とは違う）の木下尚江、片山潜がいたが、後、山路愛山、田岡嶺雲、斉藤緑雨、杉村楚人冠、小泉三申、白柳秀湖、山口孤剣、中里介山などが加わった。中里介山はもちろん『大菩薩峠』の作者である。さらにその後、クリスチャンの石川三四郎が「万朝報」社を退社して平民社に入り、片山潜の下で『社会主義』の編集をしていた西川幸二郎も加わった。
秋水の論説は明治三十六年（一九〇三）十一月二十二日発行の第二号「凄惨の声」から始まった。

「どこか適当な口はございませんでしょうか」「どんな労働でも厭いません」「報酬の点は幾らでも宜しゅうございます」「ほんの食うだけあれば沢山です」ああ、これらは何と悲惨な声だろうか。そして微力なわれわれの耳にも毎日数人ないし十数人からこの声が入る。この凄惨の声の反響するところいかに多く哀れなる人の子が、仕事を失い、もしくは仕事を得ることができないために、道端に横たわっているかを。

官立、私立の各大学専門学校を出る青年は、年々幾千人に達しているが、彼らに見合う職業は用意されていない。彼らの月収数百円、豊かな生活の夢は破れ、その卒業証書は一片の反古になっている。見よ、大資本家、大会社、大商人がその競争から生まれる損害を免れその利益を増大させるために連合し、同盟しトラストを形成するや、中小の商工業者は圧倒され併合され、駆逐され、転業、破産、零落を余儀なくされている。まさに秋風が枯葉を捲がごとしである。

（中略）・・・この失業問題はわが社会が当面する一大問題ではないか、わが全社会よ。まずあの凄惨な声を聞くがよい、そしてその解答を自分で考えてもらいたい。もし解答が得られなかったらすぐに社会主義のもとにやってくるがよい、社会主義の旗印は明らかに君の進路を指し示すだろう。

次に注目されたのは明治三十六年（一九〇三）十二月二十七日第七号の「世田谷の襤褸市」であった。

毎年十二月十五、六日の両日は夜深き午前三時頃より六時まで、荏原郡は世田谷宿に襤褸屑物の市あり、市は一年中開かれているが、両日は賑わいを極めている。都会人は嫌がる雑踏を自然の単調に厭きた近郷近在の老若は、市の風に吹かれれば、無病息災百難を逃れることが出来ると考え、三里五里の道をここに集まり、きたない襤褸屑物を買い取るのを無上の楽しみにしている。そういうわけでこの市の景気は常に農家の購買力の高低を反映している。

宿の街道に筵を敷き、小屋掛けした店、両側を合わせてその長さ千二三百間にもなるであろうか。品物は襤褸六分に荒物三分、おでん、濁り酒、酢、駄菓子の飲食店、その他数種の見世物興業、耳を聾する囃子の響きは田舎者の度肝を抜く。

襤褸は足袋、股引、シャツ、手袋、手ぬぐい、袷、単物《ひとえもの》、前掛け、襦袢、羽織、半纏、ハンカチ、靴下、糸くず、荒物は柄杓、硯箱、火鉢、茶盆、桶や盥、下駄、雪駄、ざる、荒縄、子供の便器、古板、机、鍬、鎌、鉈、斧、熊手、鶴嘴《つるはし》、鋤、薬缶、鉄瓶、空き瓶、樽、米、麦、粟、蕎麦、豆類など数えきれないほどある。

おかしくも、また哀れに感ずるのは、これらの品物、穀類を除く外は一つとして満足なものはなく、破れた足袋の左は十文、右は九文のものがあれば、穴の空いた靴下は右は黒、左は白である。家には九文七分の足袋の右があるから、左が欲しいと足袋の山をかき分けている老婆がいるかと思えば、コールテン鼻緒表付きの左はあるから右が欲しい、なければ、似たのを下さいといって探している年増がいる。ことに目立つのは青赤黄白黒などさまざまな糸くずの五寸の長さもないのを二貫、ないし三貫目を一把にして十二三銭というのを右に左にと担ぎまわる婦人が幾百人といる。どうするのか、と聞けば、冬の夜長につなぎ合わせて蒲団に織るのだという。また、一片一寸にも満たない布きれの屑、包帯のような汚い細長い布きれを一貫五百目、二百目とまとめて背負っている者も幾千人といる。これはいずれも、川向の稲毛の人々が雪の日、雨の夜の内職に草履や草鞋のつま先と踵につくりこむのである。全部藁の物よりも御値段一足につき五厘づつ高いのだという。

雀が海に入って蛤となる例もあるが、まさかこれがと思われる代物が羽が生えたように売れて行くありさまは、実に、世の中には用のないものはないようである。一面には、屑えー、屑えーの声寒く、毎朝八百八町の路地、路地を潜って、利用、厚生の労働を提供する細民もあれば、一面では貴重なものを湯水のように無駄遣いする遊民がいる。さまざまな浮世ではある。・・・(以下略)。

日露戦争直前の庶民の一面が活写されている。庶民の一面とはいえこんな程度の経済力でよく大国ロシヤと戦争ができたと思うところだが、政府はイギリスから1万五千トン級の最新鋭の戦艦を六隻も購入している。次に世相を活写した記事として評判になったのは、明治三十七年一月十、十七、二十四、三十一日発行の九、十、十一、十二号に掲載された「東京の木賃宿」であった。なお襤褸市は現在も続いている。

同じ木賃宿であっても東京の木賃宿はそれ（讃岐の金毘羅、信濃の善光寺、お伊勢参りなどの宿）とは様子がたいへん違っていて見るも聞くも、ただただ驚きとおそれるの外ない別世界で、黄泉の国にもこんな生き地獄があろうとは思えない。

東京では木賃宿を一般に安宿、安伯と呼びならわしているが、その客になる人々の社会では、ヤキ、またはドヤとも呼び、またアンパク、ボクチンなどという言葉もある。ヤキとは、宿屋のヤの字と、木賃の木の字を続けたもので、ドヤとは宿をさかさに読んだのである。アンパクが安宿、木賃が音読したのはいうまでもない。労働に忙しい人々はその言葉も簡単で、響きが強く聞こえるのを便利としているから、こんな符牒をつかう場合が多い。

こんなあやしい符牒でよばれる宿屋は、昔は市内に散在していたが、さる明治二十二年の末、ときの警視総監三島通庸が市街の体面を保つために、という理由で、その営業の区域を制限して一定の場所に移転させた。（その場所は浅草、本所区業平町、深川区富川町などで、一二百軒余りであった。）

で、そのお客様と言えば、歯代借りの車夫、土方人足、植木人夫その他種々の工夫、人夫、荷車引き、縁日商人、立ちんぼう、下駄の歯入れ、雪駄直し見世物師、料理屋の下流しなど、いずれもその日稼ぎの貧民でないものはない。昨年末の調べでは、これらの客人が九七四六人にもおよんだ、とか。さてもおびただしい数ではある。人の子は枕するところなし、とはよくいったものだ。世界に家のない人の子のために二百の安宿は、一夜の雨露をしのぐ唯一の頼みになっている。道理で、彼らは、その宿料を木賃とはいわないで、屋根代とよんでいる。「御安宿、御一人前、風呂付六銭・八銭・十銭。別間は十八銭より二十銭まで」と書かれた角行燈、灯影のおぼつかない軒端を潜れば、正面、または横手の帳場にどっしりと座っている人足上がりと見える男は番頭であろう。宵闇が迫り、人の顔の見分けがつかなくなる頃から、一人、二人、三人、五人と泥まみれの法被、破れた股引、きれぎれの草履をはいて入ってくる客の、こんばんはという声も寒さにふるえて聞こえるようである。帳場の男が、まず客の住所、姓名、年齢、職業と前夜の宿泊地を書きとって、「へい、屋根代を」と手を差し出す。六銭の屋根代を受け取れば、立って四布蒲団一枚を小脇にかかえ大広間に案内する。木賃宿での大広間とは、雑居の客を入れる部屋をいうのである。広さと部屋数は家々で違い、六畳と四畳半もあれば、八畳一室もあり、八畳と十二畳の二つをそなえているのもあり、一泊六銭の客は皆四布半の蒲団をあたえられて、ここに追い込まれる。その定員はたいてい一人一畳である。

大広間には合宿の客が雑談が止んで、昼の疲れに眠気がさしてくれば、めいめい例の四布蒲団の「おかしわ」の中にもぐるのである。けれども、ようやく眠ろうとすると、あとからはいってくる客の混雑に夢をやぶられ、ややひと騒ぎが静まったかと思えば、またもやあとの客の騒ぎがおこる。こうして物音が全くたえるのは毎夜午前二時ごろであろう。ましてこのごろの寒空には仕入ものの蒲団のたけが短いので、足をのばせば、つま先が出て、膝をかがめると「おかしわ」がひらき、すきもる風が肌にしみこんで、我慢できそうもない。寝覚めがちな夜が明けると、門口にそなえた冷水の柄杓で一杯を懇望し形ばかりの手水をおえて、またもや前夜の古法被、破れ股引、切れ草履！

こんな雑居の客を割り込みという。割り込みの屋根代は、四布か四布半、または五布蒲団一枚で六銭、三布敷布団一枚と四布掛布団一枚で八銭、十銭は八銭と同じだが、蒲団はやや上等になる。三布敷布団一枚と四布または五布掛布団二枚は十二銭。こんな規定であるが、百人のうち八十五人までは普通の六銭の「柏餅」で八銭以上が出せる者は、わずか百人中十四五人にすぎない、とか。

割り込みの客の中には、翌日もまだ滞在しているものがいるが、蒲団を借りなければ滞在費はいらない。ただし昼間も蒲団を用いるものはその損料をとられる。損料は三布一枚に一銭五厘、四布または五布一枚に二銭という。ここに注意しなければならないのは、雨の日の繁盛である。晴天の朝は、早いのは五時・六時、おそいのでも七時・八時には一同が出払い、シーンとして大風が吹いたあとのようであるが、雨が降ったとなれば、いずれも稼ぎの道がないから、前夜のままいつづけて、濁り酒、賭博、放歌、口論、泣き、笑う。四畳半、六畳の大広間の混雑はほかにたとえようがない。たまたま、いくばくかの銭の余っている者は縄のれんで、腹をこしらえようと出かけて行くが、銭がなければ、終日食べないで寝ている。

一夜泊まりの割り込みの客を送り迎えるだけでは、それほど驚き、おそれるわけではないが安宿には大広間のほかに、多くの別間といっている部屋がある。学者よ、富豪よ、大臣よ、警視総監よ、さらに進んで。この別間の内部を覗いてみよ。ここに、われらが、同期とよび、国民とよんでいるひとたちの多くが、ほとんど野獣にもひとしい奇奇怪怪の生活をしているのが見られるであろう。

いずれの木賃宿にも、四個または五個の別間というのがある。普通ならば、小座敷に数える四畳半の狭いのも、大広間と名付けて、割り込みの客用にということになれば、別間はみな二畳と三畳以下にかぎられるのも、ふしぎではない。

別間は、たいてい夫婦者、さては親子づれの借り切りで永住者が多く、旅宿というよりも、棟割長屋のまだ下等な生活である。窮屈な一室の、前にうしろに高く低く、いくつとなく粗末な棚をこしらえて、右の柱に箒をつるす釘があれば、左の壁には手拭、雑巾のかかっているのがある。片隅によせた膳、椀、の上に湯巻（入浴のとき腰に巻く布）、おしめがひるがえっているなかで、寝間となり、食堂となり、仕事場となり、彼らのためには、天にも地にもただ一つの慰藉の源泉である。なかには、親子五、六人あるいは六、七人の一家族が、無理をして住めば住める三畳に重なりあって、雀や燕の巣にさえもおとったありさまは、あわれである。

こうして、二年、三年、はなはだしいのは五年、六年、八年、九年の長いあいだにも、同じ木賃宿に世帯をもって、ほとんどわが家のような思いをしているものがある。私が、昨年十二月一日から二十五日までのあいだに調査したところでは、木賃宿でこのような家庭の居住者が多いのは十二軒、少なくても五軒はくだらない。総計千四百五十有余の家族があることを知ることができた。だから、一軒の木賃宿に平均七家族、すなわち七世帯があるわけである。私はこの調査を途中でやめたので、全部に及ぶことはできなかったが、もし、もれなく調査していたら、もっと驚くべき多数にたっしていただろう。世帯持ちとはいえ、彼らのうちで、ひととおり日用の道具をもっているのは、たいへんめずらしく、多くは着のみ着のままであるから、鍋、釜はおろか、飯櫃、膳、椀、箸までも入用の時だけ、宿から借り受けるのが、習慣になっている。私の調査では、前記の千四百五十有余の世帯持ちのなかで、不完全ながらもひととおりの道具があって、日常の用をたせるものが、わずか三十有余にすぎなかった。

であるから、木賃宿の竈も釜も、一切の炊事、調理の道具は、常に数家族の共有となって、毎朝台所の混雑は、とても言葉ではいいあらわせない。

亭主の早出の支度をするつもりで、早朝の三時に起きた車夫の女房が、ザクザクと米を研ぎにかかれば、これに続くのは立ちんぼうのカカアである。宵にしかけた竈の下をたきつける。一把一銭五厘の木片の火の移りが悪く、煙が家中にたちこめたので、朝寝の山の神、クシャミをしながら、眼をこすり、いぶすにもほどがある。なんでそんなに早くからさわぐんだろう。時計を見るがいい、との雑言に、負けてはいず、早く起きようと遅く起きようとこっちの勝手だ、お前さんばかり客じゃあるまい、とやりかえす。なにを生意気な、穴女郎、寝ぼけめ、と二言目には喧嘩である。後詰めの加勢は、亭主が出る。戦いがまさにたけなわならんとしたとき、なんだお前たちは、朝っぱらからろくでもねえ、と仲裁の寝ぼけずらは楊枝をくわえたデーデーのおやじで肩においた手拭は三年醤油で煮しめたような色をしている。時刻が移ると、一升たらずの南京米を買って帰った下駄の歯入れの女房が、権さんのおかみさん、あなたのお釜はあきませんかと尋ねれば、一方では植木屋の女房が、そのまな板がすんだらかしてください。と催促する。その傍らから、スリコギをどこへやった、と難詰めする声、いつまで炊桶を使っているんだろう。グズグズするんじゃない。と怒鳴るのがあれば、この飯櫃の洗いようをみよ、人間業じゃねえ、亭主の寝とぎをすれば、女の役がすむと思うのか、とあてこすりの高声があたりにひびく。数人の女豪傑の手から手へ、一個のすり鉢が、車輪のように回れば、一丁の包丁が、稲妻のようにひらめいて、その精力ぶりは、めざましい、などの言葉ではとてもいいあらわせない。一年三百六十五日たいてい朝は午前三時から七時まで毎日このような混雑がくりかえされるのである。

…（中略）…

こんな家庭をつくっている価格、すなわち「別間」の屋根代をきくと、二畳一室、四布蒲団一枚、十銭。二畳一室、三布蒲団一枚、四布蒲団一枚、十二銭、三畳一室、三布蒲団一枚、四布蒲団一枚、で十四銭である。これほどの木賃宿でもおこなわれている長期貸切の規定である。このほか、十六銭、十八銭、二十銭、二十四銭、の四種類がある。これは一、二泊の場合の屋根代である。

…（中略）…

恋をせぬ里はないというが、永住の夫婦、親子ばかりでなく、木賃宿の「別間」をば、かわる枕の一夜妻が、はかない契の宿にすることが、近来の流行である。名付けて「つれこみ」または「レコつき」という。つれた男をうしろに立たして、こんばんは空き間がありますか、と尋ねる女の声を聞くと同時に、それきた、レコつきが、と喜ぶのは主人である。「つれこみ」「レコつき」は、とくに屋根代が高いからである。宿屋は、こんな客をたいへん優遇して、蒲団などにいくらか気を付けるから、屋根代もまた高く、たいてい二十銭から二十四銭をとりたてる。つれこみ客が多いのは浅草の木賃宿で、これに次ぐのが、深川、四谷、本所である。浅草の近くには、上野停車場や浅草公園などがあるが、遠くから、近くから集まってくる生活の手段も知らない田舎娘が、こんなところで、たちの悪い朦朧車夫に誘拐されて鬼一口のうめきを見る者が多く、深川、本所は、遠くからきた工女が、生活の苦しさに負けて、折々は土手の柳のかげで男の袖を引いて、夜露に濡れて、木賃宿に入り込むものが増えてきた。このほか、裏店の車夫の女房が、同じ長屋のなにがしと密通して小夜衣わが妻ならぬ褄を重ねているか、と思えば、昼は店頭の看板娘である煙草屋の養女が、隣の職人の弟子にさそわれてくるものもある。牛屋、安料理屋、蕎麦屋の軽子、矢場・銘酒屋の曖昧女が宵に示しあわせた労働者と、思ひ思いの逢引の種類は一一数えきれないほどで、どこの家にも毎晩二組、三組の出来あい夫婦をみないことはない。…（以下略）

こんな調子の文が延々と続くのだが、とにかく秋水はルポルタージュの書き手としても有能だったことがわかる。

さて、貧困を現在と比較したらどうだろう。現在は「絶対的貧困」、「相対的貧困」と区別するらしいが、「絶対的貧困」の統計は乏しいようだ。さしずめ、せっかく建てた家のローンが支払えなくなったり、家を担保にして事業資金を借り、その事業が失敗して、ホームレスになり、空き缶拾いをしている人々などの具体例はいろいろある。

一方「相対的貧困」の資料は多い。労働省の二〇一四年発表のＯＥＣＤの統計によると、国民全体の平均年所得の半分以下の人々の割合を相対的貧困層というのだそうだが、一位はメキシコで、一八・五%、二位はトルコで、一七・五%、三位はアメリカ合衆国で一七%、そして四位が日本で、一六・一%だという。二〇一二年の平均国民年所得は二百四十四万円、その半分は百二十二万で、これより下の階層が一六・一%ということである。アメリカ合衆国は日本以上の格差社会で、その実情は堤未果氏の「貧困大国アメリカ」(岩波新書)などに詳しい。ただ貧困の形態は現代的である。川崎昌平著「ネットカフェ難民」(幻冬舎)によると、ネットカフェは一泊二千円、食費、風呂代などで月三万円、これだけあれば何とか生きていける。仕事は日雇いアルバイト。ただし、病気になればアウトである。子供の貧困も深刻で、六人に一人は貧困家庭か、貧困状態という。

7．ああ　増税

翌明治三十七年（一九〇四）一月十七日発行の「平民新聞」第十号に秋水は「吾人はあくまで戦争を非認す」の次の一文を掲載した。ただし、文は現代風になおした。

「…吾人はあくまで戦争を非認す。これは道徳的にみて恐るべき罪悪なり、これは政治的にみて恐るべき害毒なり。これは経済的に見て恐るべき損失なり。社会の正義はこれがため破壊され、万民の利福はこれがために蹂躙される。吾人はあくまで戦争を非認し、これの防止を絶叫しなくてはならない。

ああ、全国、戦争のために狂気の如くならないものはなく、多数国民の目はこれがためにくらみ、多数国民の耳はこれがために聾となっているとき、独り戦争防止を絶叫するのは両手で揚子江、黄河を支えるより難しいことは吾人も知っている。しかるに吾人は真理、正義の命ずるところに従って、信ずるところをいわざるをえないのである。絶叫せざるをえないのである。すなわち本日の平民新聞第十号の全紙面をあげてこれにあてている。

ああ、わが同胞、今こそその本来に帰れ、その狂熱より覚めよ。そして汝が時時刻々、一歩一歩のうちに陥る罪悪、害毒、損失より免れよ。天のなせる災いは避けることができないが、自ら為せる災いは避けられる。その結果の勝と負けとに拘らず、次に来るものは必ず無限の苦痛と悔恨である。真理のために、天下万生のために、夜半、汝の良心に問え」

日清戦争の結果、日本は台湾と遼東半島を得たがロシア、フランス、ドイツの三国は遼東半島は清国に返すよう勧告した。これを三国干渉という。日本は三国のいうとおりに同半島を清国に返した。この頃、列強の帝国主義的侵略に抵抗して中国民衆が蜂起した。義和団事変（北清事変）である。これに対し日本、イギリス、アメリカ、フランス、ロシア、ドイツ、イタリア、オーストラリアの八か国は軍隊を出して、これを鎮圧した。事変の後、各国は軍隊を撤退させたが、ロシアは大軍を満州に駐屯させたままだった。不凍港を求めて南下するのがロシアの伝統的な政策だった。そしてロシアは義和団事変に乗じて満州の占領にとりかかった。旅順の防備を厳重にして砲台を増設した。さらに鴨緑江を渡って韓国領内に道路を開き、電線を通し歩哨塔を建設した。満州を取られては権益が台無しになるイギリス、アメリカ、日本はロシアに抗議した。こうした情勢の中でイギリスと日本は同盟を結んだ。日英同盟である。ロシアは何度か満州からの撤兵の声明を出したが一向に実行しなかった。が、ついに、全満州をロシアの保護区にするという七か条の要求を清国政府につきつけた。

こうした中、明治三十七年（一九〇四）二月十日、日本はロシアに宣戦布告をした。

平民新聞第十八号、明治三十七年（一九〇四）三月十三日は、「露国社会党に与うる書」を掲載した。次はその抜粋である。

「ああ、露国におけるわれらの同志よ、兄弟姉妹よ、われらと諸君とは天涯地角、いまだ一堂に会して手をとって会談する機会はなかったが、われらは諸君を知り、諸君を思うことひさし。…（中略）…」
「諸君よ、今や日露両国の政府はおのおのその帝国主義的欲望を達せんがためにみだりに兵火の端をひらけり、しかれども社会主義者の眼中には人種の別なく地域の別なく、国籍の別なし、諸君とわれわれとは同志なり、兄弟なり、姉妹なり、断じて戦うべき理由なし、諸君の敵は日本人ではない。実に今の愛国主義であり、軍国主義である。われらの敵はロシア人ではない。そして実に今の所謂愛国主義であり、軍国主義である。然り、愛国主義と軍国主義は、諸君とわれらの共通の敵である。万国の社会主義者の共通の敵である。諸君とわれらと全世界の社会主義者はこの共通の敵に向かって、勇敢な戦いをなさざるを得ないのである。そして、今日はその最重要時期であり、絶好の時期であろう。われらは諸君が決してこの絶好の時期を逃すことがないであろうことを知っている。われらもまた、われらのベストを尽くすだけである。

しかし、われらは一言しなければならない。諸君とわれらは虚無党ではない。テロリストでもない。社会民主党である。社会主義者は万国平和の思想を奉じている。社会主義者の戦闘の手段は、武力を用いないということである。平和の手段を用いるのである。道理の戦いをし、言論の戦いをするのである。われらは憲法なく国会なきロシアにおいて、言論の戦闘、平和の革命の極めて困難なことを知っている。そうして、平和をもって主義とする諸君がそのことをなすのに急なるがために時に武器を取って起ち、一挙に政府を転覆するの策に出ようとするものもあるかもしれない。われらはその志を了解する。しかし、これは平和を求めてかえって平和を撹乱することになるのではないだろうか。目的のために手段を択ばず、はマキャベリ一流の専制主義者の快とするところであり、人道主義者の取るべきところではない。

われらはもとより両国政府の勝敗如何を予知する能力はない。しかし、そのいずれに帰するとも、戦争の結果は必ず民衆の困苦を生み、重税を生み、道徳の頽廃を生むのである。そして軍国主義と愛国主義が跋扈するのである。故に諸君とわれらとはそのいずれが勝ち、いずれが敗れるかは問題ではない。要は戦争を速やかに停止させることであり、平和を早く回復することである。諸君とわれらはあくまで戦争に抗義せざるをえないのである。反対せざるを得ないのである。一千八百七十年普仏戦争当時における万国労働同盟の決議と運動は、実に諸君とわれらの学ぶべきところである。われらは諸君が必ずこの感を同じくすると信ずるのである。…（後略）」

この書が英訳されて第十九号に掲載された。ニューヨークのドイツ語新聞「フォルクス・ツアイツング」をはじめ欧米の社会党の各機関紙は争ってこれを転載または訳載した。このメッセージに対して、ロシア社会民主党の機関紙「イスクラ」はただちにこれに応じた。

「日ロ両国の好戦的叫び声の中で、反戦の声を聴くのは実に善美世界から来た使者の妙音に接するの感がある」と書き出し、普仏戦争の際、ドイツのリープクネヒト、ベーベルが、フランス領のアルサス・ローレンの二州をドイツが併呑することに反対して社会主義万国連合のために尽くしたが、日本の労働者階級の進歩的代表者の言動はまさにこれに劣らない功業といえよう、と評し、日本からの忠告にたいしては「力に対するに力をもってし、暴に抗するに暴をもってせざるをえない、しかし、われらがこの言をなすは決して虚無党、テロリストとしてではない」と書いている。また、「われらは、先に社会民主党を建設して以来、テロリズムは不適当な運動方針であるとなし、かつてこれと戦うことをやめたことはない。しかれども、悲しむべし、この国の上流階級は、かつて道理に服従したことなく、また将来服するだろうと信ずべき少しの理由も発見することができなかった」とも書いている。

同年八月十四日から二十日までアムステルダムで開かれた第二インターナショナル第六回大会席上でロシア代表プレハーノフと日本代表の片山潜がともに副議長に選ばれ、日ロ両国の社会党を代表して壇上で固い握手をして、満場の拍手をあびた。

片山潜は「私はここでロシア代表と相まみえたことを喜ぶ。わが日本は、ロシアに対して四海同胞の義をそこなう惨禍の戦争をなしつつあるではないか。日本の社会党は一八九六年以来、つねに日本における社会主義革命を期待している」と英語で演説し、ドイツ語とフランス語に翻訳された。つづいてプレハーノフは「ロシアの人民は戦争は望まなかった。しかし、人民の敵たる政府は、その冒険的、専制的政策をもって日本に挑戦した。今、ロシアが大きな困難おちいったのは当然である。仮にロシアが勝利しても、ロシア人民が犠牲に供せられるのは同じである。日本はわれわれのために、専制主義の巨象の一脚を除去しつつあるのではないだろうか」と述べた。ついで片山は「日ロ戦争は畢竟両国の資本家的政府の行動に過ぎず、それゆえ両国の労働社会は莫大な被害を受けざるをえない。日本の社会主義者は万国の社会主義者に、それぞれの政府を督励し、速やかに日露戦争が終結するように全力を尽くすべき決議をすることを求める」と演説した。

これに応え、フランスの代議員は「今やツアーリズム政治が戦争のために打撃を受けるにさいし、われら社会党は、資本家制度と政府のために犠牲とされ、虐殺された日ロ両政府の平民に対し、ここに謹んで敬意を表し、各地社会党の力によってこの戦争の蔓延と継続に反対する」との決議案を提出し、満場一致で可決された。

その後の秋水の論説の主なものを拾ってみると、同年三月二十日発行の第十九号の「戦争と小学児童」がある。

「恐るべきかな、各地の小学校は、少年少女の知徳の練磨、性情の陶冶の場ではなく、一種の狂熱扇情の場となろうとしている。今や小学の児童が日夕口にするのは征ロの軍歌なり、見るのは、陸海軍の図書なり、行うところは模擬の戦争なり。そうして、ひたすら戦争を謳歌し、戦争を尊重し、戦争に随喜し、狂するが如くである。はなはだしいのは、ひとり遊戯でこれをなすだけでなく、実際に金銭を政府に献じて、もって報国の志をいたすもの多し。教師はこれを賞し、父兄はこれを喜び、社会の木鐸たる新聞はこれを賛し、いわゆる挙国一致の例証とするようである。ああ、これ真に賞すべき、喜ぶべき、賛すべきことなのだろうか。かれら少年少女は政府や国家がどういうものか知っているのだろうか。国際外交がどういうものか知っているのだろうか。戦争がいかなるものか、その原因、影響、結果について知っているのだろうか。そのなにものなるかを知らず、戦争を謳歌し、随喜し貴重すべき所以を理解することができるだろか。その所以を理解せずして、これがために熱狂す、これ豈かれらが鶏を戦わせ、狗を追い、魚を苦しめ、虫を殺して、自ら快とするところと異なるところがあるだろうか。そう、これ直ちにかれらの野生の発現なり、殺伐の心なり、競争の、虚栄の情なり。そう、ここに、一人の条理をわきまえた人がいて、児童が禽獣虫魚を凌辱して、その野生、殺伐、競争、虚栄の情念を満足させようとするを見れば、彼は、必ず走ってこれを止めようとするだろう。しかるにその目的物が禽獣虫魚ではなく、ロシアという文字が冠せられているのを見れば、こうした行為は称賛され、賞誉され、奨励され、煽揚される。奇怪の極である。そして今の教師、父兄、および社会は日々この奇怪な行いをあえてして、得々として、言う、小学の児童もまたよく国家を愛することを知っていると。……（以下略）」

次は三十七年三月二十七日付の第二十号に掲載された「嗚呼、増税」である。この論説は非戦論中の白眉といわれる。

「…嗚呼六千万円の増税、苛重なる増税よ、これ実に戦争のためである。しかれども如何に戦争のためなりとも富財は自然に天から降るものではない、地から湧くものでもない、これを負担する国民の苦痛は、依然として苦痛にほかならない。そう、何人もこれを愉快なり、幸福なりとするものはない。しかも、国民はこのような苛税をなにゆえに忍ばなければならないのか、なにゆえにこのような苦痛と不幸を予防することができないのか、これを除去することができないのか、これに盲従しなければならないのか。かれらは答える、戦争のためやむをえないのであると。ならば国民はなにゆえに戦争をしなければならないのか、戦争を廃することはできないのか、これに盲従するしかないのか。…（中略）」

「われわれ国民が国家を組織するのは何故か、政府を設置するのは何故か、そして国家政府を維持するために、その生産した富の一部を出して国家政府を支持する資とするは何故か、一に、これによってわれわれの平和と幸福と進歩を保証するためではないのか、言い換えれば国家政府はただわれわれに平和と幸福と進歩とを来駕させる方法、器具ではないのか。租税はわれわれに平和と進歩をもたらすための代価ではないのか。そう、これは極めて簡単明白な事実である。古今東西幾万巻の政治書、財政書の論説といえどもその目的はこれ以上に出ることはなく、これ以外に存在する理由はない。…（中略）」

「今の国際戦争は、単に少数階級を利し、一般国民の平和を撹乱し、幸福を損傷し、進歩を阻害する極めて悲惨なことになると吾人はしばしば苦言してきた。しかるに、ことここに至ると、野心ある政治家はこれ（戦争の意義）を唱え、功名を急ぐ軍人はこれを喜び、狡猾な投機家はこれに賛意を表し、そして多くの新聞記者はこれに附和雷同し、曲筆舞文、競って無邪気な一般国民を教唆扇動するのである。将卒がしきりに戦いの勝利を報じても、国民はそのため一粒の米を増産することはなく、武威が四方に輝いても、国民は一領の衣を得たわけでない。多数の同胞は兵火にさらされ、その遺族は飢餓に泣く。…以下略」

警視庁はこの「嗚呼、増税」を掲載した週刊「平民新聞」を新聞紙条例違反で発売禁止にし、発行人兼編集人の堺利彦を告発した。東京地方裁判所は堺を軽禁固三か月にし、週刊「平民新聞」の発行禁止を判決した。堺は控訴し、弁護人の花井卓蔵は「非戦論から非増税論は出てきたものである。すなわち、この論文も平素の平和主義を吐露したものに過ぎない」と、二審の東京控訴院（高等裁判所）で力説し、週刊「平民新聞」は一審の発行禁止が棄却され、堺利彦の体刑も軽禁固二か月に短縮された。なお、花井弁護士は後の大逆事件にも登場する。堺は日本の社会主義者の中で、最初の入獄者となった。

ここで、気が付くのは、幸徳秋水が関係した新聞、雑誌、等で、発売禁止になったのは初めてだったということである。最初の「自由新聞」のときも、「中央新聞」のときも「万朝報」でも発行禁止になったことはなかった。

明治時代というと当初から国民の権利の制限、抑圧が行われたと思っている人が多いようだが、事実は必ずしもそうではない。明治二十年（一八八七）要注意人物を皇居外三里の地へ退去させた保安条例にしても法律ではなく内閣が勝手に出した条令である。このときはまだ国会は開設されていなかった。たとえば、佐久間象山に学び、後、東京大学総長になった加藤弘之（一八三六～一九一六、大正五年）は若年のころは天賦人権説を信奉し「国体新論」（国家の主眼は人民にして人民のために君主あり、政府あり）などを著した（後、自ら絶版にした）。一八八一年（明治十四年）には五日市の日本帝国憲法草案や、植木枝盛の憲法草案が現れている。

弾圧が激しくなったのはこの時期から後である。一九〇〇年（明治三十三）には最初の弾圧法である治安警察法が公布された。

一九〇四年（明治三四）五月、内務省警保局は新聞記者を集めて「新聞記者への談話を発表した」「社会主義者は、非戦論を唱道して、国民の愛国心を毀損す。社会主義者は階級制度破壊を主張して、言論往々にして皇室におよぶ。社会主義者のなかには、かつて刑法上の制裁をうけたるものあり」というものであった。

堺利彦が入獄したので平民社は人手不足になった。秋水が編集に専念し、記者の西川光二郎が会計を担当した。社員の月給を二割削減し、平民社持ちで食事をするという原則をやめ、一切を自分持ちにした。秋水は淀橋町柏木に移り、有楽町の平民社に通っていたが、社に泊まりこむことが多くなった。健康状態もよくなかった。六月十二日の日記には「明日より木曜日までの新聞編集をいかにすべきか。かく心はいらだてども病自由ならねば詮なし。さなきだに痩せすぎたるわれは、一夜のうちにたちまち干し大根のごとくになりはてぬ」とある。だが、警察の妨害を受けた新聞販売店からの入金は減ったが、直接購読者の本社への入金が増えた。六月二十日には堺利彦が元気に出獄してきた。

六月二十七日には、七十七歳になった「戦争と平和」「アンナ・カレーニナ」などの作者トルストイが、「ロンドン・タイムズ」に日ロ戦争を非難するする長文の「なんじら悔い改めよ」を発表した。ロシア政府はこの論文の印刷を禁止したが、たちまちのうちに世界中にセンセーションをまきおこした。「平民新聞」は八月七日発行の第三十九号に全文を訳載した。英文からの翻訳で、幸徳秋水と堺利彦の共訳であった。日本の新聞の大部分は沈黙したが、「東京朝日新聞」が全文を掲載した。

ついで八月十四日発行の第四十号に「トルストイ翁の非戦論を評す」を掲載した。冒頭でトルストイ翁の文を絶賛し、「吾人はこれを読んで、ほとんど古代の聖賢または予言者の声を聴くのおもいあり」と書いている。しかし、内容については、「トルストイ翁は、戦争の原因を個人の堕落に帰している。故に悔い改めよと教えて、これを救おうとしている。吾人社会主義者は、戦争の原因を経済的競争に帰している。故に経済的競争を廃止してこれ（戦争）を止めようとする。これは吾人が全く翁の言に服さない理由である」としている。

ところで単行本「兆民と秋水」で筆者は、「明治二十九年（一八九六）秋水は福島県田辺郡三春町に住む、旧久留米藩士の娘朝子と結婚した。兆民門下の森田某の紹介であった」と書いた。「朝子は素直に夫と姑の多治子に仕えていたが、秋水は封建的で教養のない妻が気に入らず、三か月後里帰りした妻に離縁状を送り付けて離婚した」と続けた。

四万十市在住の田中全氏は独自にこの問題を追求しておられる。田中氏によると、秋水には朝子が生んだ娘があったことを、朝日新聞がスクープした。千九百年代の終わりころという。朝子は田中氏によると西村ルイが本名という。インターネットの文には、「別名朝子」、とあるだけである。ルイは離婚されたときすでに妊娠していたことになる。娘の名はハヤ子、ハヤ子は小谷清七と結婚して、男四人、女二人の六人の子を儲けた。二〇一六（平成二十八年）現在、男四人はすでに亡いが、女二人は健在で、姉は埼玉県在住の真野寿美子さん九十歳、妹は東京都在住の犬竹比佐子さん七十四歳である、田中氏と幸徳秋水を顕彰する会の案内で、二人は同年五月、四万十市の正福寺の秋水墓に参拝した。また、田中氏は真野寿美子さんのすぐ下の弟で長男の正昭さん（故人）の次女の美紀さんとの交流を記しておられる。（詳細は「大逆事件ニュース55、56号」参照）

8.「共産党宣言」を掲載

明治三十七年（一九〇四）十一月、政府の迫害を受けながらも「平民新聞」は発行一周年になろうとしていた。その記念号の特集を何にすればいいかを皆で議論していたとき、「平民新聞」の財政的支援者の一人、小島竜太郎からマルクスの「共産党宣言」を翻訳して掲載したらどうか、という提案があった。

それまで、秋水の著作などに部分的に引用されていたが、全体を読んだ者はいなかった。秋水と堺利彦が翻訳を担当することになったが、二人ともドイツ語はマスターしていなかったので、英語からの重訳だった。苦労したのはブルジョアジーの訳語で、「紳士閥」とした。訳者注として、「ブルジョアジーは時に富豪と訳され、時に豪族と訳され、また多く資本家とさるるもの。しかれども吾人は種々推敲を費やしたる後、しばらくこれを紳士と訳す」としている。プロレタリアートは平民と訳した。「平民」という言葉は「岩波国語辞典」には「普通の人民、官位のない民、以前にあった族称の一つで、華族、士族に次ぐ最下級」と出ている。明治政府によって身分制はとにかく廃止されたのだから、「平民」という訳語は不適切ではないか、という意見も出たが、プロレタリアートが、「平民」のなかに含まれるのは事実である。末尾の「万国の労働者団結せよ」は現在もそのまま使われてる。訳者注として「平民の原語はプロールタリアンにしてこれを労働者若しくは労働階級と訳すも可なり」としている。秋水と堺利彦は、文章は言文一致体で書くように主張していたが、原典の迫真力や緊張感を伝えるためには、文語体が適当ということに決した。「平民新聞」五十三号（明治三十七年十一月十三日号）に全文訳載された。和訳序と英訳序も掲載されている。

冒頭の部分は次のようになっている。

「一個の怪物欧州を徘徊す。何ぞや。共産主義の怪物これなり、今や全欧州の権力者は、この怪物を退治せんがために、こぞって神聖同盟に加盟せり。ローマ法王も露国皇帝も、メッテルニヒもギゾーも、仏国の急進党もドイツの探偵も・・・」文中のメッテルニヒ（一七七三～一八五九）はオーストラリアの保守政治家、外相、後宰相。ギゾー（一七八七～一八七四）はフランスの保守政治家、首相。

五十二号に石川三四郎が「小学教師に告ぐ」を西川光二郎が「社会主義者の教育観」を書いていたが、警視庁は朝憲紊乱罪で、同号の即日販売禁止を通告し、発行兼編集人の西川光二郎と印刷人の幸徳秋水を起訴、印刷機械の没収を要求してきた、平民社側は裁判に訴え、判決が出るまでの間、新聞を発行し、記事の執筆をつづけた。

数日後、今度は「共産党宣言」を掲載した一周年記念五十三号が発売禁止となり、西川光二郎、幸徳秋水、堺利彦が起訴された。さらに滝野川の紅葉寺で開く予定であった記念園遊会も解散を命じられた。

十一月十六日には平民社に本部を置く「社会主義協会」の禁止を通告してきた。幸徳秋水はこれに対して五十四号（三十七年十一月二十日号）に「非戦論を止めず」を掲載した。次のような内容だった。

「近日、われわれが頻々と奇禍にかかるを見て、その原因が非戦論にあり、そのために憎悪を買っていると考えて、しばらく時局の評論を休むことをすすめる人が多い。好意多謝。しかし、われらは断じて非戦論をやめない。われらはいかなる憎悪、いかなる嘲罵、いかなる攻撃、いかなる迫害を受けるとも断じて非戦論をやめない」

この事件は海外の同志の注目を引いた。アムステルダムに本部を置く万国社会党が日本政府に抗議するとともに幸徳秋水らの奮闘を激励した。内容は以下の通り。

「万国社会党本部は、日本社会党を犠牲にしつつある日本政府の迫害に対し、ことに社会主義協会の解散および万国社会主義者の経典たる共産党宣言書を訳載したという単純な理由をもって「平民新聞」の発売を停止したことに対して断固抗議す。そして万国労働者の共通の利益のために奮闘せる日本の社会主義者に対し、多大の同情を表す」

裁判になった「共産党宣言」の訳載の弁護にたった今村力三郎弁護士は、マルクスの学説には拒むことが出来ないものがある。人類進歩の道を開いたこの人に感謝することなしに著書の邦訳頒布を禁ずるのは愚もまたはなはだしい。学問の独立のためにも無罪にすべきである。と主張した。その結果、幸徳秋水は無罪、堺利彦は罰金八十円に減刑されたが、禁止処分の撤回には至らなかった。なお今村力三郎は大逆事件の弁護人にもなった。

五十二号の石川三四郎の「小学教師に告ぐ」、西川光二郎の「社会主義者の教育観」について東京控訴院（高等裁判所）は、東京地方裁判所の発行兼編集人の西川光二郎に禁錮七か月と罰金五十円、印刷人の幸徳秋水に禁錮五か月と罰金五十円とした判決を支持した上、印刷所国光社の印刷機械没収を命令した。これは、東京の印刷業者を震え上がらせ、社会主義者の刊行物の印刷を断るようになった。大審院（最高裁判所）に上告したが、有利な判決になる見込みはなかった。

9．平民新聞廃刊

平民社一同は刑の執行前に平民新聞を自発的に廃刊にすることに決した。明治三十八年一月二十九日発行の六十四号を終刊号とした。マルクス・エンゲルスの「新ライン新聞」の終刊号にならって全文赤インキで印刷した。『終刊の辞』の最後に秋水は「ああ、わが『平民新聞』、短くしてかつ多事なりし生涯よ。たれか創刊の当時において、かく多事にして、かく短き生涯なるを思わんや、独り、座燭を灯し、終刊の辞を草すれば、天寒くして、風気蕭策たり」と書いた。

創刊以来、週刊『平民新聞』の総発行部数は約二十万になり、平民社発行の『平民文庫』も八種類、一万二千五百冊余に達していた。また二千名近い直接購読者がおり、全国に散らばっていた。多数の平民クラブが組織され、その一つはアメリカ・サンフランシスコにまで及んでいた。かれらは闘争の中止ではなく、その新展開を望んだのであった。また、石川三四郎や斎藤兼次郎の名で平民社同人は『日本平民新聞』の発行届を出したが、警視庁はこれを握りつぶしてしまった。

ところがである。そのときタイミングよく『平民新聞』のパトロンであった医師であり病院を経営していた加藤時次郎の消費組合、直行団の月刊機関紙『直言』の発行権を提供したいとの申し出があった。そこで月刊を週刊に改め日本社会主義の中央機関誌とし、『平民新聞』の終刊号が出た一月二十九日の一週間後の二月五日に新『直言』の創刊号として発行した。

しかし、石川三四郎の「小学教師に告ぐ」などを掲載した『平民新聞』六十二号の大審院の判決は上告棄却であった。刑が確定したので、秋水らは刑に服することになった。これを下獄という。入獄も同じ意味と考えてよい。

このとき、一月二十二日、ロシアの首都ペテンブルグで起こったロシア革命の報が入った。これは日本および世界の社会主義者など多くの人々に衝撃を与えた。

10. 幸徳秋水下獄す

明治三十八年二月二十八日、秋水は巣鴨監獄に下獄した。『直言』同年三月五日号に秋水は次の文を発表した。

「秋水今獄に赴く。天下同主義の兄弟姉妹に向かって、ここにしばしの別れを告げる。兄弟よ姉妹よ、予は近来身心ともに健康なり、加うるにこれより一切世間の煩雑を脱して、静かに読書と黙想との清閑を受けんとす。予まさに欣然として行くべきなり。

予を気の毒に思わないでもらいたい。予の一身を心配しないでほしい。

然り、気の毒なのは獄に赴く予ではなく平民社にとどまる同志なり、心配すべきは読書、黙想の予にあらずして直言の孤塁を守り多大の迫害、貧窮、多忙と激務の中、健闘せる同志なり、兄弟よ、姉妹よ、今や紳士閥は、その勝利を誇りつつあり、その毒手は、これよりますます惨烈になるであろう。われらの運動の基金は、両回の罰金、および機械賠償のためにようやくまさに尽きんとする。わが同志の困難・苦痛は、日をへ、月をふるにしたがって、はなはだしさを加えている。予一身ならまさに欣然として下獄してもよい。しかも、わが同人の境遇と運動の情状とを思う。長熱として（失意の状態で嘆く）躊躇せずにはいられない。しかも予は遂にいかなければならないのだ」

獄中で秋水は、エンゲルスの『フォイエルバッハ論』、ドレーバー『宗教と科学の衝突史』、ヘッケルの『宇宙の謎』、ルナンの『ヤソ伝』、ラッドの『ユダヤ人およびクリスチャンの神話』、クロポトキンの『田園・工場・製作所』などを読破した。この結果、無神論的傾向を深め、クロポトキンの無政府主義に親近感を覚えるようになった。

五月一日、平民社では第一回メーデーを祝った。石川三四郎が万国の労働者の記念日となった由来を話し、堺利彦がメーデーの国際的意義を説き、木下尚江が普通選挙と政治的自由を獲得しなければならないと演説した。余興に落語があり、ハンド・オルガンによる越後獅子の演奏があった。

日露戦争は、三月十日の奉天（潘陽）陥落に続いて五月二十七日には対馬沖で大海戦が行われ、日本の連合艦隊はロシアのバルチック艦隊を撃滅した。日本国民の多くは提灯列などを行って勝報に酔いしれていたが、日本はそれ以上戦争を続ける余力がなかった。ロシアも革命の影響もあり、戦争継続は無理であった。なお、戦前は五月二十七日は海軍記念日となっていた。ここで、アメリカのルーズベルト大統領が両国の調停にのりだした。

11. 幸徳秋水出獄する

七月二十八日、三十八歳の幸徳秋水は五か月の刑期を終えて平民社の同志に迎えられて巣鴨監獄を出獄した。そして、ひとまず家族の待つ淀橋区柏木の家に身を横たえた。八月二日、秋水は獄中生活の報告書を平民社に送り、これが「柏木より」と題して週間『直言』八月六日に掲載された。

「裁判のときに検事、小畔君は予に向かって、今後は心を改めて忠良なる臣民になれと忠告されました。五か月の幽囚は果して予の心を改めさすことが出来たでしょうか。予の健康だけは確かにこれがために奪われました。下獄のとき十二貫目（ぐらいなりと記す）の体重は今はわずか十貫三百目となりました。はなはだいくじのない話です。されど諸君、一面においては予はこれがためにまた新しい知識と経験とを得たということです。そうしてこの知識と経験とは、一つとしてわが社会主義の真理なること、その実行の急務なることを語らぬものはないのです。もし社会主義を信ずることが、不良不忠とすれば巣鴨監獄に多謝しなければなりません。彼は予をして一層不良不忠の臣民たらしめました。予は今回の幽囚が主義のためにも一身のためにも、得るところは失うところを償って十分余りあると、心ひそかに信ずるのです」

健康云々は胃腸の障害で、かゆなどしかたべられなくなり、体重の著しい減少をまねいたことをさしていると思われる。

八月六日、秋水は加藤時次郎の小田原海岸の別荘で休養をすることになった。ここで書いた手紙が『直言』八月十三日号に掲載された。若き日、皇城三里外に退去命じられて東海道を歩き、第一夜を過ごしたのが小田原だった。その怨恨の思いがつづられている。

「ああ、小田原、明治二十年、予年十七の冬なりき、保安条例のために皇城三里の外への退去命じられ、東海道の松並木を徒歩にて下れるとき、その第一夜を過ごせしはここ小田原の旅舎なりき、夜も更けてから多数の警官に熟睡の夢を破られ、身体及び手荷物の捜査を受けしとき、いかに腹立たしかったことか」

八月二十四日、秋水夫妻は東京に戻った。次は当日の日記の一部。

「午後一時、病妻を護して帰郷の途につく。小田原に滞在すること十有九日その間天候多く冷温陰鬱にして、眺望散策の快をほしいままにすることがなかった。とはいったも、涛声、松籟は襟の塵を洗うようであった。新聞は国民の講話に関する電報などを読み、書籍はクロポトキンの『現代科学とアナーキズム』を読んだだけだった。五時新橋に着き、平民社に立ち寄れば、斎藤、石川、小田、深尾、荒畑の諸君がテーブルを囲んで、愉快気にかつ談じ、かつ食いつつあった。なつかしきこの光景よ、われ六か月目にてこれを見ることをえたり。夜八時家に帰る」

12. 幸徳秋水アメリカへ

小田原滞在中の八月十日アメリカの友人アルバート・ジョンソンから妻千代子宛の手紙が届いた。秋水は「小田原日記」に「去る七月二十八日に、貴下（千代子）の夫の出獄を祝うためにわが小さき家にて小宴を催し手作りの料理を貴下の夫のために供えた、とあり、私はまだ会っていないこの老友の友情に涙した」と書いている。

秋水は早速英文の返信をしたためた。そこで次のように述べている。

「私は、次の目的から、欧米漫遊をいたしたいと思っています。一、コミュニストまたはアナーキストの万国的連合運動に最も必要な外国語の会話と作文を学ぶために（私は英文を読むことはできますが、しかしこれを書いたり語ったりすることが困難です）。二、多くの外国革命党の領袖を歴訪し、そして、かれらの運動から何ものかを学ぶために。三、天皇の毒手の届かない外国から、天皇をはじめとしてその政治組織および経済制度を自由自在に論評するために。このようなわけですから、もし私の健康がこれを許し、費用なども、親戚や友人から借りあつめて、これを調達することが出来ましたなら、この冬か来春のうちには出発したい考えでおります。」

ここで「天皇の毒手」のところの原文は、（the pernicious hand of “his Majesty”）となっている。Pernicious は英和辞典では「有害の」とか「有毒の」となっているが「his Majesty」はまさに「陛下」

の意味で君主に対する最高の敬称である。両者はやや矛盾しているような気がするがどうだろう。注目すべきは、神崎清氏が「天皇制の権威にしたがってきた幸徳秋水がこの私信のなかで、『天皇の毒手』という敵対的な言葉を使いはじめたことであった」と書いていることである。しかし若干の疑問がのこる。まずperniciousという単語だが、五万から六万語収録の一部の高校生向き辞典にはでていない。十万語程度の辞書にはもちろん出ているが、格式語とある。なぜこんな難しい単語を使ったかだが、検閲を意識したのかもしれないし、格調高い英文にするために使ったのかもしれない。それゆえ次に「his Majesty」と続く。後年、秋水が大逆事件の被告となり獄中から磯部、花井、今村の三弁護人に出した手紙には、

「無政府主義者の革命成るのとき皇室をどうするか、との問題が、先日も出ましたが、それも我々が指揮命令すべきことではありません、皇室自ら決すべき問題です。前にも申す如く無政府主義者は武力権力に強制されない万人自由の社会の実現を望むのです。その社会成るのとき、皇室をどうとかするという権力を持ち命令を下し得るものがありましょうか、他人の自由を害しないかぎり、皇室は自由に勝手にその尊栄幸福を保つの途に出ることができるので、何らの束縛を受けるはずはありません」とある。この文からは皇室に対する敵対的ニュアンスは感じられない。

さて、明治三十八年（一九〇五）九月五日アメリカのポーツマスで日ロ講和条約の調印式が行われた。政府は領土、賠償の要求を放棄してでも日露戦争を終結する方針を決定していた。しかし、これ

を不満とする対ロシア硬同志会などが主催する屈辱講和反対の集会が同日日比谷公園で開かれた。警視庁はこれに対し、独断で公園の入り口を閉鎖し、大会の解散を命じた為、大混乱が起こった。激昂した数万の民衆は、内務大臣官邸、国民新聞社、警察省、交番を次々と焼き討ちした。これに対し抜刀した警官隊が参加者をみだりに殺傷した。九月六日、政府は東京に戒厳令を発動した。暴動は、横浜、神戸にも波及した。世にいう日比谷騒憂事件である。週刊『直言』は「政府の猛省をうながす。多数を蔑視する政府は禍いなるかな」との社説をかかげた。これは無署名だが秋水の筆との説もある。

13. 秋水アメリカに出発

明治三十八年（一九〇五）十一月十四日、幸徳秋水は医師加藤時次郎の長男時也と、画家を志す甥の幸徳幸衛を伴って伊予丸に乗船、渡米の途についた。

同じ日、明治天皇が伊勢神宮に参拝するために横浜から乗船した。ために横浜港は立錐の余地もないひとだかりだった。船が出港した。「横浜の桟橋に私を送る数十の男女の顔も姿も今や全く分からない。ただ一団の黒山となっている。打ち振り打ち振る赤旗のみが目に焼き付く。わが妻、わが友、わが同志はかの赤旗の下にこそある。かの赤旗こそ同志諸君がわれを送る同情、美意、慰籍、奨励、教訓の赤い心のしるしではないだろうか。われはその旗の一秒ごとに小さく小さくなって遂に雲煙縹渺のうちに没するまで、望遠鏡を手にして立ち尽くしていた」普通は、見送り人が小さく小さくなって、と書くところだが、ここでは赤旗が小さく小さくとあくまで赤旗に焦点をあわせている。「赤旗は労働者の旗なり、欧州における我らの先輩は如何にこの赤旗を樹立し護持せんがためにその心血をそそぎしよ」と続く。

「一貧洗うがごとき我はいずれのところより遠遊の資金を得たのか、これはわが警視庁の諸君の疑問とするところであるばかりでなく、我が同志友人が知りたいとおもうところであろう。我は正直に明白に告知しよう。今回の渡米を決断したのは以下の友人諸君の好意による。」

「細野次郎君、竹内虎治君、加藤時次郎君、福田和五郎君、小島竜太郎君、幸徳駒太郎君、大石誠之助君、小泉策三君、片野文助君、これらの諸君、あるいは三十円、あるいは五十円、あるいは百円、あるいは二百円を寄せられ、ほとんど二千金を得たり、そうしてその一半を出獄後の生活費に費消し、その一半を携えて日本を離れる」この当時の一千円は今の数百万円の価値だろう。秋水はまた次のような憂愁を含んだメモを残している。「半夜夢覚むれば涛声雨に似たり、今や我が老親は四国の山間の人の家に寄食して門口に立って、宛もなく我が子の帰りを待つ身のつらささをなげいておられることだろう。

わが病妻は一人東京に残る。ああ、われは不幸の子なり不実の夫なり、かれらの写真に向かって思わず涙数行下る、ああ、天下の婦人をして革命家の母たらしむることなかれ、革命家の妻たらしむることなかれ」

14. 秋水らシアトルに着く

明治三十八年（一九〇五）十一月二十九日一行を乗せた伊予丸は無事シアトルに到着した。ここで、秋水は在留邦人から予想外の歓迎を受けた。文筆家としての名声が通っていたのであった。

「当地在留の同胞は、喜んで私らを迎え、親切に諸種の便宜と助力とを与えてくれますので、天涯漂白の身なるを忘れて、なんだか自分の故郷にでも帰ったような感じがしました。私の旅館には、毎日有志の人々や多くの青年学生が集い来て、狭き一室にテーブルを囲み、椅子のない人は壁にもたれて立ち、寝床に腰かけて、議論なかなか盛んでした。ゆっくり市中を観察したり、山水を見物する閑は得ませんが大抵当地の模様もわかりました。昨一日は日本人会堂において、予のために演説会が開かれました。会堂の正面には両陛下の影像がかかっている。その左右には東郷だの乃木だの数十人の英雄の勲章だらけの肖像がズラリズラリと並んでいる。その横の壁には、伊藤博文の太字の扁額がかかっている。当時の日本はよくこの一堂の装飾に代表されている。予は入り口より一見して微笑しました。朝憲紊乱をもって問われた刑余の浪人が、この正面の壇に上がって非戦争論、社会主義論を演説するに至ったのは、おかしなコントラストであります。聴衆は会堂一杯でありました。多分五百人くらいはいましたでしょう。警部も巡査も平服の刑事もいないところで去る二月入獄以来の沈黙を初めて破り、自由に、正直に『戦後の日本』という問題について所見を述べること一時間半、少しは胸がすっきりしました」

この後、秋水はサンフランシスコに向かう。「サンフランシスコ平民社支部の模様も見たい、支部の諸君も至急の来遊を促してきたので、明三日の夜出発、サンフランシスコに向かうことにしました。同行は加藤、西沢の二君、甥はこの他の友人に監督を託して残します」というわけである。

秋水一行はシアトルに四日間滞在した後、陸路サンフランシスコに向かった。二昼夜を列車に乗りつづけて五日夕方オークランドに到着した。ここからは船でサンフランシスコにわたるので下車してまごまごしていると、向こうから「やあ」と大声で叫びながら駆けてくる男がいた。五年前「万朝報社」にいて、今は平民社サンフランシスコ支部にいる岡茂樹君であった。秋水の手を握り、香気高い花束を差し出した。「朝報社」時代から岡と秋水と堺枯川（利彦）は信頼の絆によって結ばれ、岡は秋水と堺を実の兄のように親しんだ。なつかしき友は「今は天涯万里の外に、熱心なる同志として平民社支部の維持者として、流璃落剥の私を迎え、喜びが顔いっぱいになるのを見て、私も彼の手を握り返ししばらく言葉がでなかった。ああ、この時の感懐」

間もなく岡君の夫人の敏子君、鷲谷君なども現れた。船は十五分ほどでサンフランシスコの埠頭に着いた。ここでも岩佐、市川、中沢、倉持、ジョンソン、はじめ十数名の同志が迎えた。最初に握手したのは無政府主義者ジョンソン老人であった。その後夕食となり、さらに平民社サンフランシスコ支部を訪れた。同諸君はここにも集まり、ジョンソン翁も待っていた。翁はロシア革命党員である十七歳のフリッチ嬢を伴っていた。同席した母のフリッチ夫人にも紹介された。

「故国の同志諸君よ、東京における平民社は解散した、否、解散せしめられた。『直言』は停止せられた・失意の客、敗軍の将として、私は、孤影粛然としてこの地に来たりしが、たちまち広壮なる洋館の入り口に和英両語の金文字にて「平民社桑港（サンフランシスコ）支部」なる看板のかかげられしを見たるときの愉快は如何ばかりであったろう。見よ、平民社はいまだ解散しないのである。平民社は今なお存在しているのである。彼の毒手の及ばざるところに、その分身はこれより大なる成長をなさんとしているのである。

平民社は十二畳くらいの美麗な部屋が二つ、広い食堂と、狭い一室と、湯殿と玄関とで、狭い一室に岡君夫婦が住み、広い間の一つには私と加藤君、もう一つは客室で、他に二三の同志も宿泊している。翌六日の夜は、同志の青年が小集会を行い、今後の運動の打ち合わせをした。七日はジョンソン翁の宅で茶話会が開かれ招待された。出席者はフリッチ夫人と同嬢、無神論の雑誌記者、キッダー君、岡君夫妻、加藤、西沢、西条、渡辺の諸君でなかなか賑やかな会であった」。

「明日九日はこの地の新聞記者の諸君から招かれている。十日は有志の茶話会がある。十六日には社会主義演説会が開かれる予定」

「とにかく、私はこの地におれば生活の方法もたちそうだし、当分静養かたがたこの地の事情に通じた上、さらにこの地に平民社の事業の根拠を置くことに尽力してみたいと思う。集会も言論も出版も自由で、金銭も儲けやすいこの地において、熱心な運動をしたならば、日本社会運動の策源地、兵站部、および迫害された同志の避難所を作り、あたかもロシア革命党員がスイスを運動の根拠としたごとくになりはしないかと思う。これは私の空想かもしれないが、できるだけはやってみるつもりである。同志諸君、私の健康は次第に回復に向かいつつある。安心をこう。明日メールが出るはずなので急いでこの手紙をしたためている。時に十二月八日午後九時、平民社支部にて」。

この後、秋水はサンフランシスコ社会党の一支部に出席し、同社会党支部に入党する。そして間もなく、支部の建物は、人の出入りが多くて落ち着かないということもあり、すぐ近くの家の客間を加藤時也君とともに借りた。そこはロシア革命党のフリッチ夫人の家であった。部屋は十四、五畳で、左の壁の中央のストーブの上にはクロポトキン翁の大きな肖像がかかり、右の壁にはバクーニンの肖像があった。ストーブに並んだ棚にはゴルキーやゾラ、クロポトキンなどの著述や写真が並んでいた。部屋の中央には大きなテーブルがあり、加藤君と私は向い合って座っている。食事は平民社かキリスト教青年会に食べに行く。手紙の最後には十二月八日午後九時、とある。

アメリカへ出発したときからここまでの手紙や手記は一九〇六年（明治三十九）一月二十日発刊の『光』第一巻第五号に掲載されたものである。

『直言』は一九〇五年（明治三十八）九月十日、発行禁止、廃刊、吉川守圀著『荊逆星霜史』（青木書店）によると、その後、社はキリスト教派と唯物派に分かれ、キリスト教派には石川三四郎、木下尚江、安部磯雄らが結集し、十一月十日、『新紀元』なる月刊雑誌を発行した。四六倍版で約五十ページであった。社外の執筆者には内村鑑三、徳富蘆花がいた。唯物派は、同月二十日、月二回刊の新聞『光』

を出した。これは『直言』をそのまま踏襲したものであった。山口孤剣、西川光二郎、吉川守圀らが拠っていた。幸徳秋水、堺利彦がこれを応援したが、幸徳はすでに書いたようにアメリカにわたっていた。十二月八日に書いた手紙が翌年の一月二十日の『光』に掲載されたのである。これはむしろ早い方ではないだろうか。

その後の秋水の動静を見よう。十二月十六日、サター街金門会館で演説会が開かれた。聴衆は約四百人、秋水は日露戦争後の日本国民の堕落と窮民の実情を述べ普通選挙と社会主義実行の急を訴えた。また某日散歩の途中、サンフランシスコ社会党本部によってみた。演説会のときの聴衆の多数がいて秋水を温かく迎えた。長方形の大広間にはあちらに数人、こちらに数人と集まり雑談している人、将棋を指している人、読書をしている人もいた。

第二インターナショナル世界大会に日本代表として出席した片山潜が十二月二十六日に訪ねてきた。アメリカ経由で帰国の途中立ち寄ったのである。二十九日には料理店で会食、三十日には埠頭にて同君を送る。となっている。

翌一九〇六年（明治三十九）一月六日、サンフランシスコと入江をはさんだ対岸のオークランドでの演説会に秋水は招かれ、一時間ばかり、社会主義の要領を話した。聴衆は約二百人、オークランドにはカリフォルニア州全体の人の社会党本部が置かれていて、「ソシアリスト・ヴォイス」という機関紙を発行していた。次は手紙。

「去冬、ベルギーの万国社会党本部から各国社会党に通知があったように、一月二十二日に万国同志が一時にロシア革命に対する同情会を開いておおいに声援を送ることになっています。オークランドでもサンフランシスコでも当日大々的集会を開き、ロシア人はもとより、ドイツ、フランス、イタリー、ユダヤ、日本の各国団体皆これに参加する予定で目下準備中です」

この手紙は「一月八日発」となっていて三十九年二月二十日付けの『光』第一巻七号に掲載された。

さて、当の一月二十二日はどうであったか。万国社会党本部の呼びかけに応じてロシア赤色日曜日（血の日曜日、一九〇五年のこの日、労働者が皇帝ニコライ二世のいる冬宮をめざしてペテルブルグ各地から請願行動をおこした。その際、軍隊の発砲を受けて多くの死傷者がでた。事件はロシア全土に伝えられ、抗議のストライキが続発、ロシア第一次革命の発端になった）記念会はアメリカでも各州・各都市で盛大に行われ、ロシア革命党に多大の同情と援助を送った。前夜二十一日の夜オークランドのメリーホールで開かれた同大会に日本人は、三・四十名が出席した。全体では四百名余だった。

最初に、世界工業労働者組合代表アンソニー氏は、従来の資本家と労働者の調和主義的組合ではだめと述べ、革命的急用を主張し、次にオリーヴ・ジョンソン夫人はマスクス等の組織したインターナショナル・アソシェーションの性質から説き起こし、労働者革命が万国的であることを宣言した。三番目は社会党のオースチン・ルイス氏でロシア政府の横暴を縦横に冷嘲、熱罵した。最後は私で、ロシア同胞の革命は、世界的革命の先鋒である。われわれはこれを助けるために、全力をつくすであろう、と述べた。四名の演説中、拍手喝采は絶えず潮のように起こり、私の演説が終わったとたん十数名が演壇にかけあがり、私に握手をもとめたのであった。その多くはロシアからの亡命者だった。翌二十二日夜、サンフランシスコの、リリックホールで同じ会が開かれ、参加者はオークランドの三倍に達し、カンパ二百四十ドルが集まった。

当地の日本人同志の会は一月十三日、日本人福音会の一室で開き、二十余名が集まった。

『万国社会党評論』の主筆シモンズ氏から手紙が届いた。内容は「あなたがアメリカに来ていることを聞き、喜びに堪えない」との挨拶の言葉の後、「事件によってはアメリカも専制政治絶無の地ではないことがわかるだろう」、というものであった。この後、秋水はコメントしている。「もし、アメリカが楽土であるとするならば、それは金を持っている人の楽土であるにすぎない。アメリカにも革命の思想が、日々発達してきている。二十世紀の革命は経済的革命である。貧富の格差があるところには革命の怒涛が必ず押し寄せて来よう。」

秋水はこの後も、なお書いている。「昨日は天気晴朗、暖気が東京の四月の終わりのようで、少し歩くと汗が出るくらいであった。午後岡・山内の二夫人、野村勇子嬢、加藤時也、川崎巳之太郎、大西勝三の諸君と、太平洋の海浜にあそび、クリフ・ハウスで休憩して、一杯のアイスクリームで喉をうるおした。たがいに顔を見合わせて、日本ははるか海のかなたにある。と話し合った。目を水平線上に注いで、長い間感慨にふけった。ああ、愛する日本よ。お前が私を憎み、私をのろい、私を追い出しても、私はどうしてもおまえを捨てるにしのびないのである」(『光』一巻八号、三十九年三月五日付け　に掲載)。なお、神崎清著「実録　幸徳秋水　読売新聞社」は、川崎巳之太郎はスパイであった、としている。

秋水はこの後、『日来』(三十九年二月二十日付、署名はない)なる邦字新聞に「日本移民と米国」という一文を寄稿したとみられる。人は誰でもその故郷を愛し、父母妻子兄弟姉妹を愛している。であるのに何故その愛すべき故郷と人々を捨てて数千キロの天涯の地にきたのだろうか。理由はただ一つ衣食が得やすいためである。これは極めて重大なことである。何故ならば日本国は日本人に生活の権利を保障していないということになるからである。アメリカの子女は、日本人とはアメリカ人の子女のためにスクールボーイ、ハウスウオーク(窓ふきや皿洗いなど、掃除夫と家政婦を兼ねたような仕事)の仕事をする人種と思っている。日本という国家はわれら人民の生活を保障する能力はないのか。日本人民の多数は飢餓や、寒冷の憂いを免れていない。わが同胞、はその愛する故郷を捨て、その愛する父母骨肉に分かれて、外国子女のお三権助(召使)にやむをえずなっているのだが、これを名ずけて民族の発展と称している。

日本は国が小さく、人が多い。これは自然の結果であり、人力ではどうすることもできない。しかし、国土広くして、富が豊かならば、必ず生活しやすいとすれば、ロシアや清国の人民は、きわめて富裕にして幸福なはずである。もし国小にして人多ければ必ず衣食が乏しいとすれば、スイスやベルギー等の人民は極めて困窮し、痛苦の中にあるはずである。しかし事実は全くこれに反するのである。国の貧富と人民の禍福は決して土地の広狭、人口の多少如何によるのではない。国の貧富と人の禍福は、ただその社会組織、経済組織、政治組織の良否の如何に起因するのである。人間は鳥獣と違って労働によって必要物を生産している。人口多ければ生産量も多くなるはずである。それに加えて近年の学術、科学技術の進歩は著しく生産量はかつての数十倍、数万倍にも達している。

貧乏の増加は富を生産する能力がないのではない。その生産に要する資本が一部に占有されているからである。その生産された富の分配が極めて不公平、不公正であるためである。土地は大地主のために兼併され、中等以下の商人は常に大資本のために圧倒され、小作人と賃金労働者が増加して、貧富はいよいよ懸隔し、地方の田野は疲弊荒廃し、都会に人口が集中する。これは今の経済組織、政治組織のいたすところではないだろうか。

在来の日本人諸君、いかに諸君が本国に向かって献金し、公債に応じても、如何に本国の少年子弟をスクールボーイ人種、ハウスウオーク人種にして輸出しても日本の貧乏は到底救済の見込みはないのである。ではどうすいればいいか。日本の政権と金権とを人民全体の手に移すしかないのである。

秋水は次に「在来同胞は幸福なりや」の文を『日来』三十九年二月二十五日号に寄稿している。内容の概略は次のとおりである。

人はパンのみに生きるにあらず、というが、金銭のみに生きているのでもないであろう。米国はまことに楽土なり。在来の日本人はまことに幸福なり。求めれば必ず職業があり、稼げば必ず衣食あり。故国の同胞のように○○に徴せられ、○○に苦しめられ、餓死し、凍死する心配がないからである。（この○○は、兵役と租税だろうか、よくわからない）。しかし、在来日本人はこれらをもって果して幸福といいえるだろうか。

横浜の高利貸の何某は数万円を選挙に投じているし、東京の御用商人は、数十万円を投じて学校を設立している。これらから分かることは金銭を所有しているだけでは決して幸福ではないのである。金銭によって名誉と名声を買っているのである、彼らは金銭を得るためにあらゆる残忍なことを、あらゆる不正なことをしたのかもしれないが、このようにして得た金銭は、彼らに何らの慰安と幸福をもたらさないのである。本国の日本人は、餓死のおそれがあり、凍死の憂いがあっても、みな和楽の家庭がある。しかし、在来日本人にしても家庭をもっている者は極めて稀である。家庭は人生幸福の源泉である。多くの苦痛もこれによって癒すことができるし、はなはだしい貧乏もこれによって償うことができる。家庭なき人生は燈火のない闇夜である。たとえ家庭がなくてもよく家庭に代わって、彼らを励まし、慰謝し、向上させ、楽しませる者があればいいのだが、彼らはこれを求めても得られないのである。

しかも在来日本人は、十歳の白人の子供にさえ侮蔑され、嘲罵されている。道を歩いていても敵地にあがるがごとく、日本人自身の社会においてもお互いの間に、ほとんど同情、惻隠の念がなく、あるのは競争、嫉妬、排斥の情のみである。彼らには家庭の和楽なく、社会の同情もない。身を持する堅固な信仰があるかといえば、金銭拝跪の信仰があるだけである。仮に金銭があり、衣食に不自由がなくても、これは砂漠に生きているようなものである。私は多くの同胞が日本を懐かしみ、望郷の念を持つのは当然と思う。

しかし、これらは在来同胞の罪ではない。今日、餓死凍死の心配がないようにするには金銭を得て生活の安定をはかるより外はない。そのためには何人も荒漠たる砂漠を旅するしかない。旅の途中である者は疲れ果て、ついには斃死する者もいる。これは今の社会組織の罪であり、これの根本的治療はただ今の自由競争制度を廃して社会主義的制度を実行するだけである。

15. サンフランシスコに大地震

一九〇六年（明治三十九年）四月十八日サンフランシスは大地震に襲われた。次は『光』一巻十三号、五月二十日付けに掲載された四月二十一日の署名のある秋水の手紙の概要である。

大火は延焼して三昼夜も止まず、サンフランシスコの目ぬき通のマーケット・ストリートを中心にして市街地の大部分は全く焦土と化した。平民社に火は迫ったが、かろうじて延焼を免れた。私の寓居は山の手の高台にあるので無事であった。望遠鏡を手に市街を眺めれば、項羽の礎の兵によって焼き払われた咸陽宮もかくやと思われるほどであった。家を失って野宿する者三十万という。全市、余すところの食物は全て徴発され、勝手に買うことはできない。市民はみな官の救済によって飢えをしのいでいる。もし食料を得るのがますます困難になれば、私は加藤時也君とともにバークレイの町に行くつもりだ。バークレイはサンフランシスコから数キロ程度、堺枯川（利彦）の義弟や、私の甥の幸衛がいる。

白人は智ありというが、その胆力がないことはわれら東洋人の呆れるところである。かれらは不時の災難にあうと周章狼狽するのみ、泣き叫び、涕泣し、混迷するだけである。はなはだしいのは財貨を焼失した失望のあまり、もしくは単に恐怖のため、発狂する者も少なからずいる。

市中今や電灯なくガスなく、かつ室内に一切の燈火と燃火が禁じられている。戒厳令が敷かれて、もし室内に火を使う者あれば、ただちに兵士に射殺されることもある。空き巣狙い、かっぱらい、火事場泥棒も殺されている。（以下略）

『日来』三十九年一月二十一日号に掲載された「日米関係の将来」は後の太平洋戦争を予言した論文ともいわれる。

六月二十三日香港丸にて帰国。

16. 秋水、「日米関係の将来」を発表

明治三十九年（一九〇六）一月二十一日、秋水は新聞（日米）に「日米関係の将来」なる文を発表した。この論文は後、四十年三月に刊行された単行本「平民主義」に収録された。この論文の冒頭部分を神崎清の現代文訳で読んでみよう。

「日米記者足下。私は、この現地にきて感得した。わが日本が今から十年、二十年、あるいは三十年、五十年の後、さらに他の強国と戦争をはじめるようなことがあったら、その相手国になるのはフランスではない、ドイツではない、オーストリアではない、むろん、イギリス、イタリアの二国でもなくて、必ずや現在、我が国ともっとも親善といわれているアメリカ合衆国そのものであろう。われわれとわれわれの子孫は、今からぜひともこの戦争の防止に努力しなければならない、ということである。記者足下。わたしがこんなことを言いだしたら、世人は、たぶんその唐突なのに驚き、その無稽なのを笑うだろう。これは、いかにも唐突で、無稽な言葉のように思われる。けれども、太平洋上で接触している両大陸の商工・貿易が、ともにますます発展し、隆盛を極めたあげく、その利害はおそかれ早かれ、一度は衝突する運命をまぬがれまい。いや今日においてさえも、その衝突の兆候が至るところにあらわれているのは具眼者がひそかに看取するところであるに違いない。

地中海の時代はすぎさった。大西洋の時代はすぎさった。いまや、世界貿易の中心は、太平洋の沿

岸にうつってきた。そして、かれ、アメリカという巨人が、その広大な土地と無限の資本と、精巧な機械から生産した莫大な商品をかかえて、横行、闊歩しようとする新市場は、疑いもなく、わが東洋の各地である。日本である。朝鮮である。中国である。その新領土になったフィリピンである。そしてその進出ぶりはまるで朝日が昇るような勢いで、たしかにドイツをしのぎ、フランスをおさえ、はげしくイギリスに肉薄している。もし日本が奮闘し、飛躍して、おおいに東洋で威力をふるおうとすれば、その第一着に衝突する可能性があるのは、ほかでもない、かれ、アメリカではないか。

さきにタフト氏とともに日本に来遊したカリフォルニア州選出の議員ダンカン・マッキンレー氏は本月十一日の議会において、日本の工業は、今後十年間でアメリカにとっておそろしい競争者になることを説き、アメリカが日本、中国に向かって貿易の主導権を握ることは不可能と断定し、ただフィリピンをアメリカ商品の主な市場にしなければならない、と論じた。

思うに、日本の工業が、今のアメリカ人が恐怖するような発展を成し遂げるのは、まだまだ前途遼遠ではあろうが、それでも、しかし、やがてこのような時期がくるのは、うたがうことができない、いや、このような時期を実現しなければならないのは、もちろんのことである。そして、もしよくこのような発達をなしとげる段階になれば、日本は、ひとり中国、朝鮮の市場を支配するばかりではない。かれフィリッピン市場に向かっても手をつけるようになるのは、もとより、自然の勢いである。

いまや、フィリッピンは、政治的にはアメリカ領土の一部であるが、その地理、その歴史、その人種、風俗、その商業・貿易において、わが日本との関係が、けっしてあさいものではない。日米両国が、長く経済的帝国主義をもちつづけて市場の拡張に熱中したあげく、私は、日米間におけるフィリピンもまた、将来ギリシャとトルコの間に挟まれたクレタ島のように、また、日本とロシアの間に挟まれた朝鮮のように、国際紛争の一禍根になるのではないかと心配している。

思うに寛大で公明なアメリカ国民は、決して、われわれ日本国民と競争し、衝突するのを喜ぶものではない。けれども。アメリカはいまやその財富があまりにも一部に集積しすぎているために、資本の過多にくるしんでいる。生産の過剰にくるしんでいる。彼らは、絶えずその資本を投下してよい新市場をさがしもとめなければならない。彼らは、常に外国に向かってその商品を売ることのできる新市場を開拓しなければならない。彼らが東洋貿易に向かってまっしぐらに突進しているのはそれが唯一の活路だからである。

なぜならば、もし彼らが、競争と衝突をおそれて、その経済的侵略をやめたら、その貨物が停滞し、その工場は閉鎖し、その労働者は失業し、すぐにも恐慌の悲境におちいらねばならない。だから、今日の経済組織をそのままもちつづけていたら、東洋各地における日米両国の経済的利害の衝突が、まぎれもなく必至の運命になってくるのではないか」（以下略）

17. 無政府共産制の実現

四月十八日のサンフランシスコの地震は悲惨なものであったが、秋水はその様子を冷静に観察していた。明治三十九年（一九〇六）五月二十日「光」一巻十三号に「無政府共産制の実現」という文を発表している。文は現代風に直した。

「私は今回のサンフランシスコ大震災について有益な実験をえた。それはほかでもない、さる十八日以来、サンフランシスコ全市は全く無政府的共産制の状態にある。商業は全て閉止、郵便、鉄道、近くへの汽船は全て無賃、食料は毎日救助委員から配給される。食料の運搬や病人、負傷者の収容介抱や、焼け跡のかたずけ、避難所の造営など、全て壮丁（一人前の壮年男子）が義務的に働く。買うといっても、商品がないので金銭は全く無用の物となった、財産私有は全く消滅した。面白いではないか。しかしこの理想の天地も向こう数週間しか続かないで、また元の資本私有制度に返るのだ。惜しいものだ。」

五月二日、秋水一行はサンフランシスコを引き払ってオークランドに移った。そして、岩手県出身の労働者竹内鉄五郎の部屋に同居した。

竹内は石川啄木と盛岡中学で同期、仙台の東北学院に進み、院長の押川方義や島貫兵太夫の影響をうけ、海外雄飛のために渡米した。しかし、冷酷なアメリカ社会と在米日本人会のボスに疎まれて幻滅の悲哀を感じていたが、日ロ戦争がはじまり、日本から送られてくる「週刊平民新聞」を読んでいるうちに、熱烈な社会主義の共鳴者になった。性は直情径行、皆から「竹内の無鉄砲」とあだ名されていた。

オークランドはサンフランシスコからの避難民で混雑し、借家が払底、家賃は暴騰していたが、竹内は、火事で焼け出されたり、仕事を失ったりした仲間のためにメソジスト派の美以（みい）教会の三階の屋根裏部屋を借り、数個のベッドをおいた。岩佐作太郎、小成田恒郎らが集まってきて、たちまちそこが、同志の本部になり、若い革命家のクラブになった。この頃、早稲田の野球チームを連れた安部磯雄や、また片山潜も来訪した。岩佐や、小成田は秋水に親しく接して影響を受け、おおいに活気づいた。

秋水もまた以下の文章を残している。

「今、私はすぐに帰ることはできなくても、ここで空しく老いることはできない。もし、ここに一棟の建物と一台の印刷機があれば米国太平洋岸にある数千の健児（法人）の間に革命の風雲を巻き起こすことは決して難事ではないと信ずる」（「光」明治三十九年（一九〇六）六月三十日号）。さらに米国社会についても当初とは違う印象を記している。

このころ、ロシアの作家マキシム・ゴルキーが夫婦でニューヨークに来訪した。彼はアメリカから本国の革命運動を支援するつもりであった。ところが、ロシア政府に買収されている一部の新聞や、通信社が同伴の女性は実の配偶者ではなく単なる女優であると宣伝したので、非難がひどくなって三回も旅館を追われた。

「女優であろうが芸者であろうが余計なお世話ではないか。ことにこの女優は熱心な革命家でロシアの首都の一富豪から百五十万ドルを引き出して革命運動に投じたという。米国くらい自由なようで不自由な国はない。所謂、アングロサクソンの偽善だ」(「光」一巻十三号、明治三十九年五月二十日号)

秋水は六月一日テレグラフ街の白人社会党本部で開かれた社会革命党結党式に出席した。六月五日、秋水は帰国の途に就いたが、このときはすでに帰国の用意をしていたと考えられる。帰国を思い立った理由はよくわからないが、懐中が乏しくなったのと、日本社会党結成が許可になったことを聞いたかららしい。日本社会党結成は明治三十九年二月。西園寺公望内閣のとき。西園寺は往時フランスで過ごしルソーの影響を受けるなどリベラルな面があった。党則第一条には「本党は国法の範囲内において社会主義を主張す」とあった。翌年同党は禁止された。アメリカの社会革命党宣言の前文、綱領、党則は秋水が書いた。秋水は帰国に際して、訪米の痕跡を残しておきたかったのではないだろうか。

社会革命党宣言
(文は現代風になおしたが、冒頭部分は原文のまま)

吾人はここに満天下に向かって社会革命党の結党を宣言す。

それ一人をして飽暖逸居せしめんがために百万民衆常に貧困飢餓に泣くのときにおいて労働なるものの果たして何の神聖ぞや。（以下は現代風）一人が私利、私腹をほしいままにするために百万民衆は全く自由の権利を剥奪されるのとき、人生なるもの何の価値があるだろうか。一人の野心、虚栄のこころをみたすがために百万民衆は常に戦争、侵略の犠牲になっている。こういったとき国家とは果たして尊厳されるべきものなのだろうか。

これ実に苦痛な労働ではないか、悲惨な人生ではないか、残酷な国家ではないか、実に不正、不義の社会ではないだろうか。今、世界の多数人類のその苦痛、悲惨、残酷な境遇に煩悶する叫び声は日に日に高く、その自由と幸福と平和を求めて苦闘する熱意は月ごとに盛んになっている。この煩悶と苦痛を見過ごして漫然とその赴くところに従っているのは人情や道義あるものの態度であろうか。現在の不公平、不正な社会を改革して、善美な自由、幸福、平和な社会を建設するのは、私の祖先への、同胞への、子孫への責任であり、義務である。そうして私の権利である。

私が社会革命党を組織するのはこの責任義務によってこの権利を行使するためである。

ここに満天下に向かって社会革命党の結党を宣言し、別に定める綱領によって社会的大革命を実行す。同志の士よ、来たれ。躊躇することなかれ。

綱領

一、我が党は現時の経済的産業的競争制度を廃止して、一切の土地資本を万民の共有とし、貧困者のなきを期す。

二、我が党は現在の迷信的習俗的階級制度を改革し、万民平等の自由と権利を保有することを期す。
三、我が党は、現在の国家的人種的偏執偏見を排除し、四海兄弟、世界平和の真実を実現することを期す。
四、我が党は以上の目的を達成するために世界万国の同志と連合し、協力し、社会的大革命を行う必要を認める。

党則
第二条、我が党は本部を合衆国カリフォルニア州バークレー市に、支部を世界各地におく。
第三条、我が党の趣旨目的に賛同するものは男女国籍人種の別を問わず加入できる。

第一、第四、第五、第六は省略。綱領三「四海兄弟」のところ何故「姉妹」をいれなかったかは不明。党則第三条には「男女国籍人種」とあるのだから「姉妹」を入れるべきではないか。また同じく第三条に「国籍人種」とあり、当然各国の人も加入したと思われるが、集まったのは日本人約五十名であった。

六月三日夜、例の屋根裏部屋で送別会が開かれた。同日午後、白人社会党本部で、マルクス・エンゲルス、カウツキーなどの英語版を買った。オークランドの社会党本部も訪れ、帰国の挨拶をし、アメリカ社会党の党員証をもらった。

六月五日、香港丸に乗船。サンフランシスコの波止場にアルバート・ジョンソン翁や竹内鉄五郎など多数が見送りに来た。

帰国、「世界革命の潮流」の題で演説をする。

明治三十九年（一九〇六）六月二十三日、横浜港着、多数同志の出迎えをうけ、堺枯川（利彦）と会食し、小泉三申の家に泊まった。

六月二十八日、神田錦町の錦輝館で「世界革命運動の潮流」と題して演説をした。演説の要旨は次の通り。


社会党は革命党であり、その運動は革命運動である。一八四八年、マルクス・エンゲルスの二人が執筆した共産党宣言には、共産党は世界の至るところ、政治的社会的現状に反抗する革命運動を援助す、とあり、また、権力階級を共産革命の前に戦慄せしめよ、とある。そうして、彼らはその実行のためには腕力、武力を用いることも、あえて辞せずという。

以後、社会党の運動は、時と所を異にするにしたがって多少の盛衰消長があったものの一八七一年のプロシャ・フランス戦争の終局に至るまで、二十年間、彼らは常に革命党として存在し、革命党として前進し、革命党として奮戦してきた。

そして理想的、急進的、民主的なフランスの敗北と、保守的、専制的、武断的なプロシャの大勝は革命運動にとっての一大打撃であった。パリコンミューンが粉砕されフランス派の革命運動は一時全く閉塞して武力的革命は到底不可能と思われた。同時にビスマルクは鋭意革命運動を鎮圧し、そして普通選挙制を採用して民間の不平を吸収した。するとドイツ派の社会党は銃器爆弾を捨てて一斉に議員選挙にその全力を注ぐようになった。

彼らはいう、われら社会民主党は無政府党とは違い、好んで暴力を用いるものではない。すでに憲法あり、参政権あり、われはこれによって議会で多数を制して、その志を行うのである。社会党運動は、平和的、立憲的、合法的である。これは当時の状況のもとでは、その運動継続のためには唯一の活路であっただろう。そして、列国はみなドイツ戦勝の余波をうけ、武断専制の風が一時全欧州を覆った。その結果、逆に議会政策が万国社会党の運動方針として採用された。毎回の万国大会での革命的議決案は常に少数で敗れ急激派の人々はあい率いて無政府党に走るようになった。

わが日本の社会党も従来議会政策をもってその主な運動方針とし、普通選挙の実行をその第一の事業としてきた。ドイツと国情が似ているわが国においてこれは怪しむものではない。

しかし、私は昨年獄中において少しく読書と考慮をした結果、ひそかに所謂議会政策の効果について疑うようになった。その後アメリカで各国の同志と会見し、彼らの運動方針が、変換しつつあるのを感じたのである。

ドイツ社会党は三百五十万票を持ち、九十人の国会議員を持っているが果たして何事をなしえただろうか。依然として武断専制の国であり、依然として堕落罪悪の国ではないだろうか。投票なるものは頼むに足るものではなく、代議士たるものの効果は何と少ないことだろうか。労働者の利益は労働者が自ら掴み取らなければならない。労働者の革命は労働者自らが遂行しなければならない。これは近時欧米同志の叫び声である。

社会党たるもの、議会政策にのみ重きをおくならば、ひとたび政権を取ったならば、集まり来る者の多くは議員になりたい者ばかりである。地位、名誉、勢力、利益を求めるものはひとたびこれを得れば直ちに腐敗し、堕落し、また譲歩し、意気がくじけない者はまれである。そうして何をしたかというと、わずかに一部の法律の制定、その条項の改廃で、国家社会党や、社会改良論者のいうところと何の違いもないのである。そう、社会党の理想目的である今の社会組織の根本的革命は議会の賛否に求むべきでないとは近時、欧米の同志が主張するところである。

民政の国では、議会が多数を占めれば直ちにその意見を実行に移すことが出来るが、ドイツのように武断専制の国ではいかに多数の議員の議決があっても皇帝宰相の意がなければ法律にはならないのである。ドイツの皇帝宰相は警察力を持ち、陸海軍を持ち、議会の解散権をもっている。憲法を中止することもできる。仮に、議会の多数が主義、理想のもとに何事かをなそうとしても無力である。現にドイツ連邦中、社会運動がもっとも盛んというサキソニー、ルーベック、ハムブルグの諸州は選挙権を制限されたが、人民はそれに対して何の抵抗もできなかった。

多数労働者が自らすすんで民政の基礎を建設し、その結果として得たものがはじめて効果のあるものとなるのである。ドイツの場合はそうではない。皇帝宰相の恩賜慈恵によって得たものばかりである。民政の基礎の上に築かれたものではなく、王冠の下に吊り下げられたものだけである。ひとたび専制の嵐が吹けば直ちに吹き払われるものである。

所謂、立憲的、平和的、合法的運動、投票の多数、議会の多数は、今の王侯、紳士閥（資本家、権力者）が使う金力、兵力、警察力の前にはなんの価値もないのであり、これは近時の欧米同志が痛切に感じているところである。

ここにおいて欧米の同志は所謂議会政策以外に社会的革命の手段、方策を求める外なくなったのである。そしてこの方策は、王侯、紳士閥の金力、兵力、警察力に抵抗できるものでなければならない。少なくとも、その鎮圧を免れうるものでなければならない。そして彼らはこれを発見したのである。何か、爆弾か、匕首か、竹槍か、筵旗か。そうではない、これらは皆十九世紀前半の遺物である。将来革命の手段として欧米の同志が取ろうとしているのは乱暴なものにあらず、ただ、労働者全体が手をこまねいて何もしないこと、これを数日、数週、あるいは数か月もすれば十分である。そうして、社会一切の生産、交通機関の運転を停止すればいいのである。言い換えれば、これを総同盟罷工ゼネラルストライキという。そうして紳士閥の衣食供給の途を断てば、彼らは初めて労働階級の実力を承認することになるだろう。彼ら自身労働階級の寄生虫に過ぎないことを悟るだろう。金銭も商品がなければ使うことができないのである。兵力、警察力も衣服、食料なしでは駆使することができないのである。さらに今の兵士警官は皆労働者階級の子弟である。彼らがひとたび現在の社会組織の真実を理解するならば、果たしてその父母兄弟姉妹に向かって発砲するだろうか。

総同盟罷工は世人が想像するような難事ではない。一八七四年スペインアルコニーにおいて、八六年アメリカにおいて、九三年ベルギー、九七年オーストリア、一九〇二年バルセロナ、ベルギー、スウェーデン、〇三年のオランダ、〇四年ハンガリー。イタリアなどの大同盟罷工の事例は明らかに総同盟罷工が将来の革命において権力階級を戦慄させる最上の武器になることを示したのである、最近の最も顕著な例はロシアにおいて実行され進歩されつつある大革命である。ロシアの人民は西欧のそれと比べるとはるかに無知であり、はるかに貧乏であり、はるかに訓練に乏しく、はるかに団結の力もない。にもかかわらず大革命を起こして、強大なる専制政府を右往左往させたのである。これは総同盟罷工という労働階級特有の手段を用いたからではないだろうか。

今、ロシアの革命的同盟罷工は一八世紀末のフランス革命のように西欧諸国の惰眠を破った。万国の同志、ことにフランス、スペイン、イタリアの同志は盛んに労働階級と軍隊に向かって、革命を鼓吹している。常に総同盟罷工を排斥してきたドイツ社会党さえも、その首領ベーベルは総同盟罷工が階級戦争の最後の手段であると宣言するようになった。そして社会主義がいまだ十分に発達していないアメリカもまた選挙と議会とが革命においてはその効果があまり多くないのを見て、革命を賛美する声はいたるところの労働者の間に広がった。

紳士閥は労働階級のために、たまたま少しばかりの恩恵をほどこすことがあるし、少しばかりの慈善を行うこともあるが、これらは労働階級を欺瞞篭絡するための一種の餌、香料に過ぎない。両者の利害は到底一致、調和しないのである。彼らの甘言に欺かれてはならない。彼らの好意を頼んではならない。政府、議会、議員、投票を信じてはならない。労働者の革命は労働者自ら遂行するしかないのである。

戦後の日本における社会党同志諸君は今度どういう手段、方策によって進むべきものなのだろうか。革命の運動か、議会の政策か、多数労働者の団結を先にすべきか、選挙場内外での勝利を目的とすべきか、私は日本の国情に疎いので軽々しく断ずることはできない。ただ私が見聞した欧米諸国同志の運動潮流の如何を報告するのみ（「光」明治三九年（一九〇六）七月五日号）

日本ではゼネラルストライキの経験はない。ただ、昭和二十二年（一九四七）二月一日、官公労労組、産別会議、日本労働組合総同盟などを中心にゼネラルストライキが計画された。筆者が小学四年生のときだったが、全生徒が雨天体操場に集められ、校長先生の話を聞いた。内容は覚えていないが、何か弁解がましい口調だった。しかし、その数日後、占領軍司令官マッカーサーの命令により、突然ストは中止された。また、ここでロシアの大革命というのは一九〇五年の第一次革命である。一九一七年の第二次ロシア革命においてソヴィエット社会主義共和国連邦が成立した。

戦後というのはもちろん日ロ戦争の後、の意味である。この頃は全世界的に革命の機運が高まっていたことが分かる。

演説会の後、秋水はしばらく加藤時次郎の経営する病院に入院して精密検査を受けた。七月四日、元気を回復した秋水は妻千代子とともに高知県中村町の故郷に帰った。新橋駅から夜行列車に乗り、五日朝神戸駅着、汽船に乗り換えて瀬戸内海を走り、七日午後、高知県西端の宿毛港に着き、それから人力車で中村町に着いた。山間僻地から洋行した人間はめったにいないということもあり大歓迎を受けた。ここで八月三日演説会を開き、七日には入野村でも演説会を開いた。風光明媚なこの村に一週間ほど滞在し、八月十五日中村町に戻った。八月三十一日帰京の途についた。帰りは往路を逆にたどればいいのだが、秋水は宇和島に寄り、大阪の小塚旅館に一泊、翌日は京都に赴き、木屋町の風琴楼に一泊した。その後、友人、旧友数人と料亭などで閑談した。そして九月八日朝新橋駅に着いた。

18．十月十八日神田錦町の錦輝館で演説会を開く

九月八日朝、新橋駅に着いた秋水は、築地の加藤時次郎の平民病院に行き、健康診断を受けた。それから麹町元園町の堺枯川の家でくつろいだ。枯川は先妻のミチ子が病没し、娘の真柄と暮らしていたが、平民社を手伝いに来ていた延岡為子と再婚し、新居をかまえ、日本社会党の事務所を置き、出版会社の看板を出していた。秋水はここを根拠にして借家を探した。そして九月二十日新宿大久保百人町の借家に移転した。ところが、この家にたちまち大勢の同志が集まってきて運動が再開されることになった。

十月十八日、神田の錦輝館で、社会主義演説会を開いた。この時代は演説会が盛んだが、テレビもラジオもスマートホンもないのだから一種の娯楽の役割も果たしていたと考えられる。演説会は十名の弁士のうち八名が臨検の警察官に「弁士中止」を命じられた。西園寺内閣は日本社会党結党は認めたが、警視庁の弾圧、取り締まり方針に変わりはなかった。

速記者の小野寺翠雨はこの頃の秋水の様子をその著『現代名士の演説ぶり』に書き残している。

「小柄な色の黒い、顔面やせて、秋の水に岩石が突兀とあらわれているような一種さみしげのある、しかもどこか凄みのある、ちょっと犯しがたい容貌をもっている。木下尚江とはいちじるしく風采を異にしているが、演壇にあらわれて、ただちにその思想、人格をしのばせる一種の力を備えている。」

又、話しかたについては、

「両手をちょっとテーブルについて、なんだか苦みばしった顔を聴衆にむけて、はじめは少し小さい声ではじまる。さすがは当代の皮肉屋先生といわれるだけあって、演説のはじめから十八番の苦口である。『われわれのごとき無学にして、かつ何の力も持っていない者の演説会に、貴重なる時間をついやして、ご臨検の栄をえましたことは聴衆諸君とともにあつく感謝いたす次第であります。』などときわどいことをいって警官の方をじろりと眺め、聴衆に『そら危ない』と怒鳴らせる。弁護士の花井卓蔵氏などもずいぶん思い切ったことをいって手に冷や汗を握らせるほうだが、どうも幸徳氏ときてはこの点でいま一段のうわ手であるらしい。氏はことに危険なところは、きわめて巧妙な遠回しでやってのける。たとえば、我が国には決してかくのごとき圧政を加える者はなかろうが、歴史など見てみるとずいぶん外国にはあるようであります、といった調子だ。氏はいつも大抵の演説は一も二もなく臨検の先生に中止の命を頂戴するものと度胸をきめているものとみえて、『弁士中止』の声が晴天の霹靂のごとく演壇のそばで起こってもしごく平然としている。二度目の厳命でやっと演壇をおりるのがおきまりだ。

氏の演説は木下氏のと違って、非常に知的分子が多い、もって氏の読書家たることの一面をうかがうことができる。しかしそれだからといって、浅薄な説明演説にながれない。外国の事柄を引用してもすぐ日本の生きた事件、または史上の事実と比較し時々例のおきまりの、『むやみと…』というような口ぶりをもらしそれとなく悲憤の炎を吐き出す。音声は低い方だが、しかしだんだん針をさすような調子になってくる。なんだか少しも華やかではないが、さびしげのあるところに氏一流の慷慨口調がある。氏はどこまでもまじめなだけに、聞く人もその口調・態度を第二として、その論旨を第一に聞こうとするようになってくる。木下氏の演説を聞いていると、胸に湯がわきたつようだが、秋水氏に至れば、木綿針で背中をつつかれるような思いがする」

さらに論は続く。

「堺枯川氏と同じ演壇に並べてみると、その口調といい、態度といい、これが果たして同主義の人かと疑ぐりたくなるほど様子が変わっている。堺氏の方は、いつでも演題が、『人と犬』、といったふうで、お話でもやる調子でついには例の方にこぎつけてしまう。丸々とした身体で、しかも語気までが丸々している。秋水氏とくると、すべてが単刀直入的だ。語気に過分の毒を含んでいる」

さて、秋水の留守中『平民社』は堺枯川が中心になっていたが、竹内兼七という金主が現れた。そこで、週刊『平民新聞』の復刊の議論から、一足とびに機関紙の日刊化へと移っていった。分散していた各派の同志も集まってきた。秋水も東京に戻った。

しかし、和歌山県新宮市の医師大石誠之助が私用で上京し、大久保百人町の秋水宅を訪れ、診察した結果、大事をとって、外出を禁止した。

大石は、禄亭と号し、狂歌、都都逸、川柳などをつくっていた。言い伝えによれば、金持ちを嫌い、貧乏人への往診にはすぐにでかけたが、金持ちにはなかなか腰が上がらなかったという。平民新聞の愛読者でもあった。秋水の静養は必要としても、秋水の智謀だけは借りなければならない。そこで堺枯川、西川光次郎、石川三四郎らが、毎月二、七、の日秋水宅に集まって、新聞の創立大会を開くことについてはなしあった。社会民主党が結党されたが、日露戦争が終わると非戦論の結束がゆるんで各派が分立していたがふたたび団結したのである。ただ木下尚江はキリスト教の神と社会主義という神の二つにつかえることはできないと告白して戦列を離れ伊香保温泉で執筆に励んだ。

幸徳秋水の帰国後、オークランドの竹内鉄五郎、岩佐作太郎らはバークレイの太平洋旅館を根拠地にして建物を赤いペンキで塗ってレッド・ハウスと称し、社会革命党の本部を置いた。ここで発行されたのがタブロイド版八ページの週刊機関紙『革命』で、その英文欄に「カリフォルニア州における日本社会党の運動」と題する記事がのった。この記事の中に『ミカド、王、大統領の転覆』という表現があった。アメリカの俗流新聞はこの記事にとびついた。そのころアメリカでは、日本人排斥運動が激しくなっていた。俗流新聞は日本人はアメリカの大統領を暗殺しようとしている、と宣伝した。『転覆』の英語は overthrow だが、それがどうして『暗殺』と曲解されたのかわからないが、とにかく大騒ぎになった。レッド・ハウスはそうした大衆にかこまれ、一時は騎馬巡査が出動する騒ぎになった。アメリカの法律は行為があってはじめて処罰の対象となるのであって、計画だけでは処罰されない。

明治四十年一月、『革命』の署名人竹内鉄五郎は移民局から呼び出しをうけた。取り調べの結果、overthrow には『転覆』の意味しかなく『暗殺』の意味はなく、そういう意図もないことがわかって無罪放免された。『転覆』は制度や権力の改変の意味だが、『暗殺』は殺人である。ところが、サンフランシスコの日本領事は『ミカド、王、大統領の転覆』を『ミカド、王、大統領の殲滅』と訳して本国に送った。『殲滅』には殺人も含まれる。これが日本の権力機構に過度の恐怖心を植え付け、大逆事件にまで影響したといわれる。

19. 平民新聞、日刊化される

京橋区新富座の元芝居茶屋を平民社は買受け三階を編集部に階下を営業部と印刷部にあてて輪転機を入れた。事務会計部総括主任幸徳秋水、販売森近運平、広告吉川守圀・椎橋重吉、編集部幸徳秋水・堺枯川・石川三四郎・西川光次郎・山口孤剣・山川均・荒畑寒村という布陣だった。明治四十年（一九〇七）一月十五日から四ページの日刊『平民新聞』を発行し始めた。

幸徳秋水はこの十三号（二月一日号）に『ドイツ総選挙と欧州社会党』を書いた。

「皇帝、宰相の一顰一笑のために議席の数がたちまち一高一低するのが免れないならば欽定憲法・立憲主義・無責任内閣の下の『議会の勢力』は、もろくして、かつ弱気ものにならざるをえないのではないか。真に労働者の自覚によって成立する団結の上に立たないで、単に投票が多いか少ないかを競う『議会の勢力』はいかに頼み少ないものか」

次いで、明治四十年二月五日号に有名な『予が思想の変化』が掲載された。実際はもっと長いものだが要点のみ記す。

労働階級が欲するのは政権の略取（奪取）ではなく『パンの略取』である。法律でなくて、衣食である。それゆえ議会にたいしてはほとんど用はないのである。もし、わが議会の何条例の一項や何条例の数項を、あるいはつくり、あるいはあらためることのみに依存し、安心するほどならば、われらの事業は、社会改良論者、国家社会党に一任しておいてたくさんである。これに反して、真に社会的革命を断行して、労働者階級の実際生活を向上させ、維持させようとするならば、議会の勢力よりも、むしろ全力を労働者の団結、訓練にそそがれなければならない。

同志諸君、予は以上の理由によって、わが日本の社会主義運動は、今後議会政策をとることをやめて、一に団結する労働者の直接行動をもって、その手段・方針とすることをのぞむ。

秋水のこの一文は同志の間に波紋と動揺と論争をひきおこした。明治四十年（一九〇七）二月十七日、日本社会党の第二回大会が神田錦町錦輝館で開かれた。出席代議員は六十四名。来賓席には文学者の徳富蘆花や老壮士の奥宮健之の姿も見えた。徳富蘆花は小説『不如帰』で一躍人気作家になっていた。また、後の「大逆事件」で重要な役割を果たす。奥宮健之は大逆事件に何枚も絡んだ人物である。

大会は、祝電、祝辞の披露などの後、議事に入り、党則改正案が提出されたが、特に党則第一条「本党は国法の範囲内において社会主義を主張す」を「本党は社会主義の実行を目的とす」と改変した。これは議会主義、普通選挙主義が後退したことを意味する。最後に評議員会提出の決議案が提案された。これには「我が党は労働者の階級的自覚を喚起し、その団結・訓練につとむ」「我が党は足尾労働者の騒擾事件に対し、ついに軍隊を動かしてこれを鎮圧するに至れるを遺憾とし、これをもってはなはだしき政府の失態とみとむ」などの内容を含んでいた。

これに対してアメリカ留学から帰ったばかりの若い経済学者の田添鉄二は「足尾労働者」の前に、「わが党は議会政策をもって有力なる運動方法の一なりとみとむ」などの文言を入れるように主張した。演壇に立った田添鉄二は「議会政策は権力階級、紳士閥に対して最も有力なる一個のデモンストレーションの機会、場所、仕事である。議会は日本の政治組織の中枢である、現社会を組織する権力階級、資本制度の利害の中心点は議会である。この中心点に向かって労働団体の努力を向け、平民自覚の弾丸をなげうつことは最も必要にしてかつ有効な事業である。権力階級が議会という窓を開いて、ここから談判においでなさいといっているのに、わざわざ裏にまわって壁を破ったり、窓を叩いたりしなくてもよいのではないか（以下略）」と演説した。幸徳秋水は評議員会提案の決議案の（ロ）「普通選挙運動」を削除して党員の随意運動の枠からはずそうとする修正案を出していた。幸徳はこの時点では「普通選挙運動」を過小評価していたのである。次の「田中正造翁」云々の演説をよめばこのことはよくわかる。幸徳は演壇に登り、田添案に反論した。要旨は次の通り（前半は省略）。田添は「普通選挙運動」を党員の義務としていたので両者の議論は衝突したのである。

「田中正造翁は最も尊敬すべき人格者である。今後十数年ののちといえども、かくのごとき人を議会にえるのはむつかしいことだと思う。しかるに、この田中翁が二十年間議会で叫んだ結果はどれだけの反響があったか。諸君、あの古河の足尾銅山に指一本指すことが出来なかったではないか。そして足尾の労働者は三日間にあれだけのことをやった。のみならず、一般の権力階級を戦慄させたではないか。暴動は悪い。しかしながら議会二十年の声よりも三日の運動に効力があったことだけは認めなければならぬ。私は今日ただちにストライキをやれ、とはいわぬ。しかしながら、労働者は団結と訓練によって十分の力を養わなければならぬ。今日社会党の議会政策や議員の力を信ずるか、あるいは労働者自身の力を信ずるかというこの分岐点は、将来社会党が紳士閥の踏み台となるか否かの運命を決する分岐点になると信ずる。私はこの点から修正案を提出したのであります」

栃木県の足尾銅山下流の渡良瀬川に銅の廃液が流れ込み、魚が死に、作物は取れなくなった。この問題を二十年にわたって議会で叫びつづけてきたのが田中正造翁であった。翁は議会に絶望して辞め、一市民として残りの人生を汚染問題にささげた。

投票の結果は田添案二票、秋水案二十二票、評議員会原案が二十八表で、原案通り可決された。

20. 日本社会党の解散命令

明治四十年二月十九日付『平民新聞』第二十八号は突然発売禁止命令を受けた。掲載されていた大会の決議と幸徳秋水の演説が安寧秩序を乱すという理由だった。発行人の石川三四郎と印刷人の深尾韶が起訴された。次いで、二十二日「日本社会党は安寧秩序に妨害ありと認めるをもってその結社を禁止する」という通達がきた。これに対して日本社会党は具体的な防衛手段がなかった。禁止命令は全国的に波紋を引き起こしたが、秋水の母親多治子の秋水宛の手紙が残っている。

「社会党もまた禁止になったそうだね。お前は本年はまことに年回りがわるく、こちらではいろいろ祈祷させたり、星祭などしているので、できることならなるべく用心して、また監獄などにいかぬようにしてくだされ。こんど行ったたなれば体がもちませぬ。新聞もなるべく用心して止められぬようにね。私がつまらぬことをいうと思うだろうが、できるだけ用心してくだされ。私の病気はしだいによくなりました故、ご心配はいりません。友衛（秋水の従弟の医師）が朝夕きてくれ、卵も五つほど食べ、タカジアスターゼ（消火剤）も飲んでいる。ごはんもだいぶ食べだしたから、もう大丈夫。心配はいりません。自分の体を大切にしてくだされ。母より」

『実録幸徳秋水、読売新聞社』の著者神崎清氏は、この母は「世の親のように我が子に主義を捨てよとの利己的な要求をしているわけではない」「親と子のトラブルが多かった時代にめぐまれた母子関係であった」と評している。

西園寺公望は若年の頃、数年間フランスに留学し、急進的平和主義者兼民主主義者とでもいうべきエミール・アコラスの影響を受けた貴族政治家で、当時としてはもっとも進んだ思想をもっていた。」西園寺が社会党の結成を許可し、後弾圧に転じたのは周囲の圧力に屈したか、同調したかであろう。既述のように、フランスから帰って『東洋自由新聞』に関係したときは、手を引けという圧力にかなり頑強に抵抗している。

二月二十日付けの『平民新聞』第十四号の「郡県廃止案の大勢」の記事が官吏侮辱罪に問われ発行人兼編集人の石川三四郎が起訴された。また、十九日発行の第二十八号が社会党大会の記事と幸徳秋水の演説を掲載したため編集兼発行人の石川三四郎が起訴されたことはすでに書いたが、これによって石川は東京地裁から禁錮四か月の判決を受けた。ただちに控訴の手続きをした。

また、三月三十一日付け六十三号の非軍備主義を宣伝した「青年に訴える」が発禁になり、執筆者の大杉栄、発行人兼編集人の石川三四郎、印刷人の深尾韶が取り調べを受けた。

さらに三月二十七日付け第五十九号の封建的な家庭道徳を批判した『父母を蹴れ』で執筆者の山口孤剣が禁錮三か月。発行人兼編集人の石川三四郎が禁錮六か月とし、日刊『平民新聞』にも発行禁止命令をだした。これに対して極度の財政難に陥っていた『平民新聞』は抵抗できず、創刊から三か月で廃刊になっただけでなく平民社そのものも禁止され解散ということになった。

吉川守圀氏はその著『荊逆星霜史』で、つぎのように書いている。

「明治四十年四月十五日は、日刊平民新聞社解散の日である。新富町の電車通りに面した同社の前には『暴虐なる政府は、ついに本誌の発行を禁止したり』と、大書した深紅の大看板二枚を出し、午前十時には社員総出社し、正午を期して悲壮なる『埋棺式』をあげた。つねに権力階級をして、一敵国の感あらしめた『平民新聞』も外は迫害の猛火に包まれ、内は糧食まったく尽き果てて、今は解散のほか、いかんともせんすべなく、ついに万こくの恨みをのんで倒れるのよぎなきに至った。しかし、花に嵐、これも運命とてよんどころないが、焼け跡の若芽でまたどうにかなるときもあろうと、同志を慰める堺の両眼には、さすがに露の光があった。同志という同志は、いずれもみな眼中に熱涙を浮かべながら、いずれもたがいに再起、再会を約し、思い思いに知己・友人を訪ねて四散した」

これは大きな打撃であったが、著述家である幸徳秋水にはまだ活動の余地があった。明治四十年（一九〇七）四月二十五日、非戦論の旧稿を集めた単行本「平民主義」が京橋区尾張町の隆文館から発刊された。この本の特徴は、ロシア革命のウ・ナロード（人民の中へ）にならって人民の中へいくことをすすめたことである。

「前半省略。地方農民はなお、全国の大多数を占めている。全国を動かすには、この大多数を動かさねばならぬ。私は、わが同志諸君、真に社会主義のために尽くさんとする諸君が、なるべく職業を地方に求めて農民に直接接することを希望する。中小学教員もよし、医師もよし、県庁、郡役所、山林、収税の官吏、各町村の吏員、郵便局員等もよし、自ら独立の小商売、農業牧畜をいとなむ、最もよし、平生これらの職業に従事しつつある間に次第にその周囲にわが大主義を伝道し、もしくは感化をしていくことを希望する。

三十年前ロシア革命のはじめにあたって、社会主義の青年男女は、多数の無知なる人民を教育し、自覚させるために、あるいは教師となり、医師となり、産婆となり、農夫となり、人夫となり、作男となって、田舎に居住した。当時これを人民の中へ行く、と称えたのである。私はわが日本の同志もまた人民の中にいき人民とともに住することを希望する。現に都会にある同志が、急に業を転じて地方に赴くのは容易のことではないが、すでに地方にあって相当の職業についている諸君は、安んじてそのもよりもよりに伝道されることを希望する。

伝道は、錦輝館の演説や、新聞雑誌の論説が必ずしも有力なのではなく、私にしてもし、演説・文章以外に、私の健康と技能とが許す方法を発見できれば私もまた人民の中に行こうとしているものである。

東京の社会主義者が次々と逮捕投獄されていたとき、この書は地方の社会主義者をいたく刺激した。書物そのものは発禁になり、本屋の店頭から姿を消したが、発禁の書として、石川啄木など知識層の間でひそかに読まれていた。四月下旬、秋水は療養のため湯河原温泉の旅館天野屋にうつった。傍ら、ドイツの無政府主義者アーノルド・ローレルの英訳本『ザ・ソーシャル・ゼネラル・ストライキ』の翻訳に着手し、五月八日に完成している。題名の日本語訳は「社会的総同盟罷工論」である。しかし、発禁の危険を回避するために題名を『経済組織の未来』と変更して、謄写印刷とした。啄木などが読んだのはこちらであろう。

足尾銅山争議（明治四十年、一九〇七年二月四日から七日）は明治時代最大の労働争議で日本労働至誠会などが、坑夫たちを組織化した。この過程で坑夫たちは長年の不満から、ダイナマイトを投ずるなど一部暴徒化した。政府は高崎連隊から三個中隊を出してこれを鎮圧した。

明治四十年（一九〇七）二月十九日、片山潜がアメリカから帰国した。片山は田添と同じく議会改革派であった。しかし、その二日前の十七日第二回日本社会党大会で田添案はわずか二票しか入らず完敗した。秋水の修正案は二十二票、原案は二十八票で、原案が可決された。さらに大会の三日後、日本社会党が解党を命じられた。片山は保釈で出獄した西川光次郎とともに第二インターの議会政策の立場で、六月二日、日本社会党中央機関紙の名で『社会新聞』を発行した。幸徳秋水と堺枯川は特別寄稿家としたが、編集、経営には関与させなかった。両者の会談は数回行われたが、まとまらなかった。六月二十五日、片山潜と田添鉄二は日本社会平民党の結党を内務省に届け出た。「本党は憲法の範囲内において、社会主義を主張し、労働者の当然享受すべき権利の拡張を図ることを目的とす」という党則を掲げ、本部を神田三崎町のキングスレー館においた。しかし、内務大臣原敬はこれを禁止した。

日本社会党中央機関紙と名乗って、幸徳秋水と堺枯川を排除した『社会新聞』に対抗して大阪在住の森近運平が、半月刊の『大阪平民新聞』をつくった。十一月五日には『日本平民新聞』と改題して日刊とした。六月二十日には熊本の松尾卯一太、新美卯一郎が中心になり、月二回刊の『熊本評論』を発行した。

明治四十一年六月二十二日各派合同の山口義三（孤剣）出獄歓迎会を神田錦輝館で開いた。山口は前述のように『父母を蹴れ』などの論説で禁錮三か月になり仙台監獄で服役していたのである。会終了後、大杉栄、荒畑寒村らが赤旗をもって街頭に出て警官隊と衝突した。堺、山川、大杉、荒畑ら十四名が拘束され、入獄した。これを赤旗事件という。

幸徳秋水は前年明治四十年（一九〇七）秋十月、病気静養のため郷里中村に帰っていた。持病の消化器系の病気かと思われる。そのため、赤旗事件には関係していない。

幸徳秋水は中村で赤旗事件の報に接し、ただちに上京を決意、途中紀州新宮の医師大石誠之助を、箱根の内山愚堂（いずれも大逆事件に連座、処刑された）を訪れ、八月十四日に東京についた。

秋水は中村で、クロポトキンの『麺麭（パン）の略取』の英語版からの邦訳を完成している。部分によっては森近運平の『日本平民新聞』や、松尾卯一太や新美卯一郎の『熊本評論』に記載されたものであった。訳者は幸徳、大杉栄とみられる。初版本には平民社訳とあるが、無論全訳は幸徳秋水である。

八月二十九日に赤旗事件の判決があったが、幸徳秋水はこれを傍聴している。

明治四十年（一九〇七）十一月三日、天長節の日の朝、サンフランシスコの領事館員は「わが徒は暗殺主義の実行を主張す」と題する檄文がポーチにはってあるのを見つけた。日本国皇帝睦仁君足下、われら無政府党暗殺主義者は今足下に一言せんと欲す」と続く。明治天皇に対する公開質問状の形式をとっていた。とにかく領事館員は肝をつぶした。檄文の要点を記すならば、天地の間に存在するものは全て原子とか分子でできており、人間もしかりである。人間の祖先は猿類である。その先は猿類以下の生物である。神武天皇とは何者か。彼の祖先もまた猿類である。われらと少しも違わないのである。残忍酷薄な彼は主権者であり、統治者であるという名目の下あらゆる罪悪汚行をもっぱらにし、その後、祖父や父、子にならい…ついに百二十二代の足下にいたった。

ああ、二千五百有余年の間、足下の祖先は、足下らの権力を維持し、虚栄心に満足をあたえるために、いかにわれらを苦しめたことであろうか。いかにわれらの生命と富をうばったであろうか……。その権力を絶大無限にするために政府をつくり、法律を発し、軍隊を集め、警察を組織し、そうして一方では人民をして、足下に従順にならしめるために奴隷道徳、すなわち忠君愛国主義を土台とした教育をもってきた。

単に憲法の範囲における自由を主張する日本社会党でさえも解散を命じられた。ここにおいてわれらは断言す。足下はわれらの敵なり、自由の敵なり、そして足下が自由論者に向かってなした行動は、自由論者に向かって挑戦した行動である。これを単なる紙上の空論と誤認してはならない。暗殺主義は今やロシアにおいてもっとも成功しつつあり、フランスにおいてもまた成功した。しかしながら、これは、足下自身がみずから作り出したものである。睦仁君足下、足下の命は旦夕に迫っている。爆裂弾は、足下の周囲にあって、まさに破裂せんとしている。さらば足下よ。

一九〇七年十一月三日。

(原文はもっとずっと長い)。

最後にこの原文を英、仏、独語に翻訳して世界各国に送った、とある。この文はサンフランシスコだけでなく、周辺のオークランドやバークレイの日本人街の銀行、病院、教会などのめぼしい建物に数百枚はりだされた。しかし、実行者は不明のままだった。無論幸徳秋水は何の関係もなかった。その後の調べでは計画自体の証拠もなく、爆裂弾も存在していなかった。しかしながら、後の大逆事件に微妙な影響を与えたと考えられる。

21. 無政府主義者の取り締まり

前回（八）「日本皇帝睦仁君にあたう」の文を写した後で、「この原文を英、仏、独三か国に翻訳して、世界各国に送った」記す原文も引用したが、そんな事実はなかったらしい。「大逆事件、糸屋寿雄著、三一書房」には「この公開状は、英、仏、独の三か国に翻訳して、世界各国に配布したと言われているが、（『社会主義者の沿革』第二）ニューヨークの『コール』に掲載されたもの以外、他紙に発表されたものをしらない、となっている。終わりの「しらない」の主語は著者糸屋氏であろう。また（「神崎清著　実録幸徳秋水」読売新聞社）にも「英、独、仏語に翻訳して世界中に配布した形跡もなければ、実際に爆裂弾を作成する計画も存在していなかった」とある。

明治四十年十一月九日、東京帝国大学法科大学教授の法学博士高橋作衛がサンフランシスコに着いた。公費で英米留学の旅に出たのであった。テロリズムの事件が起こってから六日めであった。当然、日本の領事館員や邦字新聞の記者の質問攻めにあったが、突然のことで答えようがなかった。高橋博士は日露戦争のとき主戦論の先頭に立った七博士の一人で熱心な愛国主義者であった。

高橋博士は約二か月間サンフランシスコに滞在したが、この間、領事館スパイだった川崎巳之太郎などと協力して苦心して調査した結果を東京帝国大学の同僚の穂積陳重博士宛に船便で送った。東京帝国大学法科大学教授穂積陳重博士はこれを見て驚き、同じく弟の法科大学教授の穂積八束博士をして元老山県有朋に提出させた。

この後、山県は、ときの西園寺内閣の社会主義者取り締まりが緩慢であると、明治天皇に直訴したという。高橋作衛だけでなく、西園寺内閣の外務大臣林董も在米無政府主義者についての報告書を入手すると元老山県有朋、原敬内務大臣、田中宮内大臣、寺内陸軍大臣に提出している。詳細は省くが、こうした事実が重なって西園寺内閣は退陣した。一連の動きが大逆事件にまで尾を引いたと考えられる。

一方、幸徳秋水は明治四十一年（一九〇八）の元旦を郷里中村で町で迎えた。そして『病中迎春寄諸友人』と題する漢詩を年賀状に印刷して配った。「病中に春を迎え諸友人に寄す」と読むのだろう。「初日は窓にさしこむ我が家で鶯の初音を聴きながらお屠蘇の杯を重ねているうちに酔い心地になった。梅の香にのって春は来ている。のどかな自然に比べて我が身はどうか、生計の途につたなく、貧乏は救われそうもない。年中あくせくしている。もし誰かが聞いたら、おちぶれていまは故郷の家でくらしている。最後は「淪落して家郷にあり」である。（意訳は神崎清氏）

しかし、意気消沈しているのではなかった。幸徳酒店の奥座敷に起居して、病気療養のかたわら、クロポトキンの『パンの略取』の翻訳にかかっていた。その余暇には『日本平民新聞』、『熊本評論』などに通信を寄せ、無政府主義と革命思想の普及に努力していた。

森近運平が主宰する大阪の『日本平民新聞』二十一号に掲載された『海南評論』で秋水は無政府主義と暗殺について論じている。要約すると、無政府主義は必ずしも暗殺主義ではない。それは古来の勤皇家や愛国者、自由民権家、社会党などから多くの暗殺者をだしたのと同じである。彼らとて暗殺を主張したいのではない。社会不正の圧迫のため、やむにやまれぬ多情多感な精神が耐え切れず、暗殺の実行となったのである。彼らは暗殺をもって無政府主義の社会を実現するのではなく、またこれを教唆勧誘するのでもない。ただ現今のロシアのような暴虐圧制の国ではその基礎を掘り崩すこと、臆病な心性の中に反逆の火をともすこと、の二つの利益があると認めることはできる。

次は熊本評論の新美卯一郎にあてた手紙の一部であるが、ほぼ同じ内容である。やはり要約する。(問答形式になっている)

「無政府共産は革命によってただちに得られるのか」

「これは革命という語の定義いかんである。従来の革命は、多く少数政治家、一個の階級が他の階級にとって代わるので、要するに政権争奪にすぎない。上からやればクーデター、下からやれば革命と名付けたのであるが、今後の社会的革命は、だいぶこれらと趣を異にして、人民大多数の革命であろうと思う。少数階級が人民の名によって、あるいは人民を踏み台にして他の階級を倒すのでは何にもならない。革命は一党一派がやるのではない。平民全体がやるのである。木は自ら長じ、花は自ら開き、果は自ら生ずるのだが、それにもやはり園芸家の技術と労力は必要である。革命はなるのだけれども、それには革命家が一般人心を開拓し、思想界を耕耘し、種子をまいて芽がでて成長するのを待つので、一面からいえば、革命をおこす、なすともいえるのであろう。革命は少数人の行いうるものではなく、多数人が行う、もしくは多数人が中心になって承諾してはじめて成功するのである。少数人が多数人を圧迫するのは無理であり、それは個人の自由を束縛するものとなろう。革命をもって、少数者が暴力をもって政治的権力を獲得するのは危険な誤解である」

（以下省略）

明治三十九年（一九〇六）六月秋水がアメリカから帰ると、帰国歓迎演説会が神田の錦輝館で行われた。演説は「世界革命運動の潮流」という題だった。

郷里中村町に帰ると、演説会を開いてくれという要望が多くきていた。六月二十八日、大阪の森近運平が来訪することになって演説会が実現することになった。森近は『日本平民新聞』を大阪で発刊していたが、第二十三号が新聞紙条例違反に問われ発行人兼編集人としてそれぞれ六十円の罰金を受け活動不能の状態になっていた。新聞を一時休刊とし、休養と相談を兼ねて中村町の秋水を訪れることになったのである。

森近は瀬戸内海航路の汽船で五月二十六日高知県の宿毛港に着いた。宿毛港には秋水が迎えにきていた。森近が同志岡野穎一郎宛の手紙がこの間の様子を克明に伝えている。

「二十六日午後一時、宿毛港に着いた。小艇から見れば、岸の茶店の二階に秋水兄が立っている。七里（約二十三キロ）の陸路をわざわざ迎えにきてくれたのである。ぼくが訪問するのがよほど嬉しかったとみえる。車の上で大きな声で話しながら夕刻に中村町に着いた。小雨が降り出したが、湯に入って汗を流し、相対して一献をかたむけたときの心境はまことに言い難いものであった。それから翌日の夜まで語り続けた。その結果秋水兄はいささか疲れたという。僕もやはり頭がすっきりせぬ。町の青年は、しきりに演説会をひらいてくれと請う」

ここで車というのは人力車であろう。次は秋水が熊本評論社に送った通信である。

「かれは戦敗れ、身傷つける落ち武者に似ていないばかりか、肉体も精神も、ないし口先も極めて達者に勇気勃勃として、すごぶる小生が日頃の鬱々を慰めただけでなくさらに当地方の一般人心に一大センセイションを惹起せしめたのである」

五月二十九日午後七時から幸徳秋水・森近運平の社会主義演説会が幡多郡公会堂で開かれることになった。驚いた警察は責任者を呼び出して脅す一方、管内数ヵ村の駐在巡査を非常招集して厳重な警戒態勢を引いた。当日の演説会は開会のあいさつに続いて森近運平が「万民安楽の法」と題して熱弁をふるった。この間に聴衆は増えて四百人以上になった。森近が演壇を降りると、臨監の警部が「只今の演説は、治安妨害と認めて中止を命じます。」といった。

森近が「演説は済みました」というと、警部はあわてて「いや、解散、解散を命じます」といった。真打の秋水の演説を聞きに集まってきた聴衆は納得せず「なぜ解散なのか理由をいえ」と激昂した。秋水は森近とともに幸徳酒店に引き上げたが、ゾロゾロ後をついてきた青年有志が、会場を用意して談話会を開きたいといった。そこで秋水は酒屋の店先を急場の会場にして、一時間にわたって社会主義の反対論を批判した。「よしんば首をかけて鎮圧するものがあっても真理は最後の勝利者である。月給のために迫害を加えるものはどうしたって正義のためにたたかう者の敵ではない」と結んだ。

警察はこの無届集会には何もしていない。聴衆は約百五十人だった。

続いて第二回の社会主義演説会が六月一日同じ幡多郡公会堂で開かれた。

今回は解散に備えて秋水が先に登場して、「金持と社会主義」という題で一時間二十分熱烈な伝道を試みた、次いで森近運平が約四十分「社会進歩の理法」という題で史的唯物論の概念を分かりやすくといた。今回は中止もなく解散もなかった。聴衆は約四百人。また警察の意向で入場料二銭を徴収した。

22. 赤旗事件起こる

森近運平は高知県中村町（現在の四万十市）に二週間滞在した後、一九〇八年（明治四十二）六月八日、同町南端の下田港から船に乗った。次の予定は紀州新宮の医師大石誠之助の訪問であった。秋水は甥の幸徳武二郎を伴って下田港まで森近を見送りに行った。

六月一日の演説会は成功したが、一方、秋水は持病の消化器の病を癒しながら幸徳酒店の奥座敷でクロポトキンの『パンの略取』（英文版 CONQUEST OF BREAD）の翻訳をすすめていた。そんな秋水を警察は尾行し、酒を買いに来る客までいちいち呼び止めて誰何し、手帳に記録した。そのときも下田港まで尾行してきた数人の警官の一人は、森近運平が乗船すると、同じ船に乗り込んだ。

秋水は日記に森近との別れを次のように記している。

「ああ、森近兄は疾風のごとく来たり、疾風のごとく去れり。ひとり座欄（床の間のことか）によれば雲縹緲として小生はまたもとの単調寂寞の生活に返れリ。向かいの谷影に啼く時鳥、声声病夫の暗愁を催すのみ」

森近運平が去ってから半月後、「サカイヤラレタスグカエレ」という電報がとび込んできた。「サカイ」

はもちろん堺利彦のこと、「ヤラレタ」というのは警察に逮捕されたということ。俗にいう「赤旗事件」である。これについては前にも書いたが、復習しておこう。事件を知っている人は今は皆無だろうが、当時は大問題であった。

直接の当事者は「平民社」の山口孤剣（本名義三）、であった。日刊『平民新聞』四九号（明治四十年三月二十七日号）に「父母を蹴れ」という文を書いて新聞紙法違反に問われ一年二か月半の刑を処せられた。「父母を蹴れ」といっても、封建的な家族制度からの完全な独立を主張したに過ぎなかった。六月十八日孤剣は刑期を終えて仙台監獄を出獄した。そして夜汽車にゆられ十九日の朝上野駅に着いた。駅前には「山口君歓迎」「社会主義」「革命」などと書かれた三つの赤旗が翻っていた。出迎えた人数は七十人とも、三十人ともいわれる。

ところが、西川光二郎が来ると、彼は孤剣を人力車に載せるとそのまま、自宅につれさった。周囲では警官隊と歓迎隊の間で小競り合いがおこっていた。西川はせっかく釈放された孤剣が再度検束されるのを恐れたのであろう。

残された歓迎隊はおのずと赤旗の下にあつまった。そして示威行進に移った。大杉栄か荒畑寒村の音頭だったのではないかといわれている。

そのとき十数名の警官隊が現れて、警部が旗を巻けと叫んだ。しかし、歓迎隊は従わないので乱闘になった。しかし乱闘がおさまると赤旗も、検束されたはずの人間も警官隊のなかにはいなかった。歓迎隊は赤旗を先頭に示威行進を続け、上野広小路に向かった。警官隊は追いかけ、再び乱闘になりそうになったが、そのとき行進隊は本郷の坂を上り、本郷署の管轄に入っていた。管轄が違うと上からの指示がない限り単独では行動ができないのであろう。

さて、山口孤剣の歓迎会だが、六月二十二日午後一時から上野公園の三宜亭で開く予定で同会場を確保してあったが、警察の妨害でだめになった。やむをえず近くの東花亭に交渉したが、やはり警察の手がのびていた。結局、神田の錦輝館に落ち着いた。来会者は七十余名、歓迎会は大杉栄や荒畑寒村などの硬派と西川光二郎などの軟派に分かれていた。いつもはそれぞれの主張が交錯する会になったが、その日は石川三四郎の配慮もあって和やかなうちにおわろうとしていた。まず石川三四郎の開会の辞、軟派の西川光二郎、硬派の堺利彦の歓迎の辞。山口孤剣の挨拶がすんで会は余興に移っていた。もともと出獄を祝う会だったので余興中心にプログラムは組まれていた。

会は無事閉会になり、大杉栄の持つ赤旗を先頭に硬派の一団は勢いよく階段をおりてきた。そこで待ち構えていたのは警官隊であった。巡査部長が「旗をもって歩いてはいかん」と大声をあげたが、大杉の耳には入らなかったらしい。

そこへ、「無政府共産」と書かれた赤旗を持った荒畑寒村が現れた。たちまち、十数名の警官が寒村を取り囲み、赤旗をとりあげようとした。さらに菅野寿賀子、神川松子、木暮れい子など女性の一団が下りてきた。

「理由なく所有権を奪うやつは強盗じゃないか」と大杉が叫んだ。

村木源次郎や森岡永治など硬派の一団は大杉の周りに人垣を作って、赤旗が奪われないようにした。警官隊は人垣を突破しようとして大乱闘になった。三つの赤旗はあるいは高く上がり、あるいは低く、人垣の中に隠れた。高くひるがえったときは歓迎隊の手に戻った時、隠れたときは警官隊に奪われたときであろう。そこへさらに十数人の警官隊が応援にきた。

この時のことを荒畑寒村は「自伝」に次のように書いている。

「この争闘は何分間、あるいは何時間続いたのか。私にはわからない。すくなくとも一時間くらいは持ちこたえたように感ぜられたが、実施には二、三十分に過ぎなかったのかもしれない。しかし、堺さんが後年これについて書いたものによると、堺さんは山川（均）君とともに渦中に飛び込んで双方をなだめ旗を巻いて女性群が預かることで折合いをつけた」（中略）「しかしこれから少し離れた向こうの通りにはもう一つの赤旗を中心に一群の男女と二、三人の巡査がもみあっていた。寒村は飛び込んで巡査をなだめた。巻いた旗が再び自然にほぐれた。巡査連はまたそれにとびかかった。結局、数人の男女が巡査に引きずられていった。私は仕方なく山川君と二人で帰りかけると、やはり警官がやってきて二人も拘束された。帽子をとばし、衣服は破れ、素足になった私たちは高手籠手に縛られてしまった。さんざん暴れまわってうまく姿を消してしまった者、いったん、現場を逃れ、すぐに帰ってきて逮捕された者もいた。堺さんや、山川君のように仲裁に入って巻添えを食った者、女性たちのように旗を預かって、帰る途中検束された者、さまざまであった。結局、錦町署の留置場に入れられたのは、堺、山川、大杉、森岡、宇都宮、村木、百瀬、佐藤、私（荒畑）、徳永と、女性は菅野寿賀子、大須賀里子、神川松子、小暮玲子の四人であった。なにしろ血気の連中とて、留置場の騒ぎがひととおりではない。巡査が静止しても、取り調べを行おうとしても屈しないものだから、警官は大杉と私を裸にして足をもって廊下を引きずりまわし、蹴る、殴る、ふんづける、さんざんな目にあわせ、ついに私が悶絶するにおよんで驚いてやめたほどであった。翌日は鍛冶橋内の警視庁に移され、検事が一応の尋問を行ったうえ、囚人馬車で、市谷拘置監に護送されたが、夕暮れ迫る麹町、四谷、牛込の街上を革命歌を声たからかに響かせつつ走る囚人を乗せた車に道行く人々は目をそばだてずにいられなかっただろう。

八月下旬、裁判の結果、大杉は重禁錮二年半、堺、山川、森岡は同二年、宇都宮、荒畑は同一年半、村木、百瀬は同一年、佐藤は同六か月、女性連は執行猶予、あるいは無罪になった」

さて、秋水である。病を癒しながら幸徳酒店の奥座敷でクロポトキンの『パンの略取』の翻訳を進めていたが、なかなかはかどらなかった。石川三四郎にあてたはがきにも『パンの略取』の翻訳をこつこつやっている。少し続けると病にさわるのでなかなかはかどらぬ。しかし、この書一冊の翻訳が数年の伝道にまさると思うので、忠実にやっている。六月いっぱいはかかるだろう」とある。

病というのは持病の大腸カタルだろう。

ただし、訳者の身の安全のため、初版では「訳者引」を省いてある。(『引』は序の短いもの)(岩波国語辞典)。次は『引』の一部である。なるべく現代文に近づけた。

「予は社会運動家としては、いささかみづから期するところがある。しかも儒生・学者としての予は世の政治家・法律家のごとく、世人をして強いて自己の意見に服従せしめんとするものではない。先輩の著作を紹介するも、自己の研究を発表するも、ただこれをもって自己と世人とともに真理に一歩近づくの資料とするに外ならぬ。そうして予は、世界第一流の学者の手になり、近世屈指の大作と称せらるる本書のごときは、必ずわが日本の朝野に向かって多少の新知識を供しうると思うが故に、この翻訳を考えたのである。もし、それ、その所説の是非、当否に至っては、読者自ら研究し、批評し、判断すればよいのである。

予が著者クロポトキン翁より本書の翻訳に関する承諾を得たのは、昨年七月初めであった。すぐにとりかかってわづか三十枚ばかり書くと、ほどなく社会主義夏季講習会の準備や開催やで翌八月中まで多忙を極め、九月に入ってもさらに社会主義金曜講演の発起などで落ち着いて筆がとれぬ。次いで寒冷の気の催すころより、数年来の持病の予の慢性腸カタル、妻のリウマチとの病状がだんだん悪く、療養も生活もできなくなったので、いよいよ、同十月東京を引き払って故郷の親戚へ寄食することにした。

途中の遅滞や行李の整頓などで一、二か月を空費し、ようやく本年一月半ばより再び訳稿を続けることができた。しかも、病気の苦悩と生活の困難はどこまでもついてまわるので常に心力を本書の執筆にのみ使うことが出来ず、一日書いては三日休み、五日書いては、十日も捨て置くという風で、気ばかりあせっても仕事ははかどらず初めて稿を起こせしより、ほとんど一年の長きを経、ようやく本年七月中旬に至って全部を完成するをえた。その意気地なさ、実に慚愧にたえぬしだいである。

顧みれば、予が東京を去りて後、十か月間における時勢の推移、人事の変化は、実に驚くべきものがある。この間、日本の社会主義者はいわゆる直接行動派と議会政策派の二つに分裂した。政府の直接行動派に対する迫害はますます激しさを増してきた。東京での同志の公私の集会はほとんどできなくなった。

大阪平民記者も熊本評論記者もしばしば罰金・禁錮の刑をうけた。

東京金曜会の講演者も六名一時に禁錮にされた。陸軍部内の同志は、漸次多く職を失い、家を失い、飢えが迫ってきた。彼らの中で、あるいは工場にとどまり、人力車を引き、あるいは、俗謡の弾き語りするのはまだ幸福なほうである。そうして、先日二十二日、『無政府共産』、『革命』の赤旗は帝都の街頭に翻って十名余の青年男女は一網打尽に縛につき、一昨年電車事件に連座した数名の同志もまたその保釈を取り消されて獄に下るにいたった。今や社会主義的運動は一時火の消えたごとくである。

半夜、衾を蹴って起ち、衣をからげて走らんとせしこと幾たびであったろうか、しかも予の健康とその他の事情はこれを許さない。予はこのさいにおいてもなお隠居して本書の翻訳を続けることが、予がなしうる、かつなさざるべからざる最善の事業なるを確信したので、涙を呑んで、机にむかった。わが親愛なる友人、同志の厄災や、尊貴なる運動の頓挫を座視してこつこつとして筆をとった」。

後に『荊逆星霜史』を書いた吉川守圀に宛てた七月一日づけの葉書によると、「翻訳はいよいよ出来た。四、五日中に出発する」とある。七月二十日、出発の前夜、親戚一同幸徳家に集まって送別の宴を開いた。翌二十一日出発、再び秋水は故郷の土を踏むことはなかった。

主要参照文献

荒畑寒村　「寒村自伝　上・下」岩波文庫（１９７５）
　　　　　「平民社時代」中央公論社（１９７３）
石川啄木　「啄木全集　第十巻、第十六巻」岩波文庫（１９６１）
石山幸弘　「櫛の十字架」かもがわ出版（２０１１）
伊藤　整　「日本文壇史　16、18」講談社文芸文庫（１９９７）
鵜沢聡明　「大逆事件を憶う」自由評論社「幸徳秋水・評論と随想」（１９５０）に収載
大杉　栄　「自叙伝・日本脱記」岩波文庫（１９７１）
絲屋寿雄　「管野すが」岩波新書（１９７０）
　　　　　「幸徳秋水研究　増訂版」日本図書センター（１９８７）
　　　　　「増補改定　大逆事件」三一書房（１９７０）
　　　　　「大逆事件の犠牲者　大石誠之助」濤書房（１９７１）
奥宮健之　「奥宮健之全集」弘隆社（１９８８）
大石誠之助　「大石誠之助全集」弘隆社（１９８２）
鎌田　慧　「残夢・大逆事件を生き抜いた男　坂本清馬の一生」週刊金曜日（２０１１、１、18～8、26）
神崎　清　「大逆事件１、２、３、４」あゆみ出版（１９７７）
　　　　　「大逆事件記録１、新編獄中手記」世界文庫（１９６１）
　　　　　「大逆事件記録２、４、５、８」大逆事件の真実を明らかにする会（１９６２）
「木下尚江集」明治文学全集　筑摩書房（１９６５）
熊野新聞社編　「大逆事件と大石誠之助」現代書館（２０１１）
「群馬県史・通史７」（１９９１）

現代日本文学全集5「泉鏡花・徳富蘆花集」筑摩書房（1955）
幸徳秋水訳　クロポトキン「麺麭の略取」岩波文庫（1960）
「幸徳秋水全集」明治文献資料刊行会（1982）
小松芳郎「松本平からみた大逆事件」信毎書籍出版センター（2001）
小山松吉「日本社会主義運動史」明治文献資料研究会（1957）
「坂城町史　下巻　歴史編」（1981）
坂本清馬「大逆事件を生きる」新人物往来社（1976）
佐木隆三「小説大逆事件」文春文庫（2004）
佐藤春夫「定本佐藤春夫全集　第二巻、第十五巻」臨川書店（2000）
「定本佐藤春夫全集　別巻」臨川書店（2000）
塩田庄兵衛、渡辺順三「秘録大逆事件　上・下」春秋社（1961）
「信濃教育　明治四十四年一月号～十二月号」
「週間平民新聞4」第49号～64号、創元社（1958）
瀬戸内晴美作品集第二巻「遠い声」「いってまいります　さようなら」筑摩書房（1973）
「田岡嶺雲全集　第五巻」法政大学出版局（1969）
田中伸尚「大逆事件　死と生の群像」岩波書店（2010）
田山花袋「東京の三十年」岩波文庫（1981）
「定本飼山遺構」銀河書房（1987）
「徳富蘆花集」明治文学全集　筑摩書房（1961）
飛松与太郎「大逆犯人は甦る　飛松与太郎自伝」「祖国」昭和四年五、六、七月号
中村文雄「大逆事件と知識人」三一書房（1981）
「大逆事件の全体像」三一書房（1997）

永井荷風「荷風全集第十五巻」岩波書店（1963）
「長野県史　通史編8」（1988）
「長野県史　近代史資料編　第八巻（三）」（1988）
日本詩人全集4「与謝野寛、与謝野晶子、吉井勇集」新潮社（1967）
平出　修「定本　平出修集」春秋社（1965）
「平沼騏一郎回顧録」学陽書房（1955）
松本衛士「長野県初期社会主義運動史」弘隆社（1987）
松本清張「小説東京帝国大学」新潮社（1969）
「象徴の設計」文春文庫（2003）
水上　勉「古河力作の生涯」平凡社（1973）
明治文学全集45「木下尚江集」筑摩書房（1965）
もろさわようこ「信濃のおんな　下」未来社（1969）
森長英三郎「禄亭大石誠之助」岩波書店（1977）
吉川守圀「荊逆星霜史」青木文庫（1957）

崎村　裕（さきむら・ゆたか）

本名　清野龍
1937年　長野市生まれ　信州大学文理学部卒
日本文藝家協会員、日本ペンクラブ会員、全作家協会常務理事。
小説「煩悩」（邑書林）にて第21回日本文芸大賞自伝小説賞受賞

著　書「百年後の友へ－小説・大逆事件の新村忠雄」（かもがわ出版）、小説「三重塔」、「本量さん」（かりばね書房）他多数
共　著「金子みすゞ、み仏への祈り」、「山頭火　徹底追跡」、「真田幸村・歴史・伝説・文学事典」（勉誠出版）、他多数

中期の幸徳秋水

二〇二一年　四月　二二日　第一刷発行

著　者　崎村　裕
発行者　吉岡和男
発行所　株式会社かりばね書房（法規文化出版社）
〒三三八－〇〇一二　さいたま市中央区大戸一－三七－九
TEL　〇四八－八五三－七五三一
http://karibane.sub.jp/
振替　〇〇一四〇－〇－七〇三五七

定価　一〇〇〇円（税込）
ISBN 978-4-904390-306

落丁・乱丁はお取替えいたします。